CARE

Good Care ,
Good Living

CARE
Good Care ,
Good Living

CARE
Good Care ,
Good Living

CARE
Good Care ,
Good Living

CARE
Good Care ,
Good Living

care 25

長大後最希望忘卻的記憶　校園霸凌

作　　　者：羅秋怡
責任編輯：劉鈴慧
美術設計：何萍萍
法律顧問：全理法律事務所董安丹律師
出 版 者：大塊文化出版股份有限公司
　　　　　台北市10550南京東路四段25號11樓
　　　　　www.locuspublishing.com
讀者服務專線：0800-006689
TEL：(02) 87123898　FAX：(02) 87123897
郵撥帳號：18955675
戶　　　名：大塊文化出版股份有限公司
版權所有　翻印必究

總 經 銷：大和書報圖書股份有限公司
地　　　址：新北市新莊區五股工業區五工五路2號
　　　　　TEL：(02) 89902588 (代表號)　FAX：(02) 22901658
製　　　版：瑞豐實業股份有限公司
初版一刷：2013年4月
定　　　價：新台幣250元
ISBN：978-986-213-429-0
Printed in Taiwan

長大後最希望忘卻的記憶
校園霸凌

作者：羅秋怡

目錄

寫給父母的話

校園霸凌事件，一直都存在

　　校園霸凌新聞，屢上媒體後，越演越烈，之所以會成為教育部每次開學的重要宣導與預防工作，與 2010 年桃園八德國中的嚴重霸凌事件有關：

　　當時學生被霸凌人數眾多，連老師的安全都受到了威脅；追查下來發現當時的校長上任七年來，換了五個學務主任，人事更迭頻繁，管理鬆散，缺乏處理的經驗和膽識，造成霸凌情況日益嚴重，引發更多危機。半數以上老師連署，要求校長下台。從此之後，教育部特設校園霸凌專線，要求全體學校一起關注，一有發現要通報，還師生一個安全的學習空間。

　　霸凌本質具有動物本能掠奪性，不清楚人際分界、錯誤解讀社會訊息、低社會化、衝動行事、殘忍、缺乏同情心與同理心，凡事未經思考判斷就提早做出攻擊的行動，

大腦似乎尚未進化。霸凌具有故意傷害的意圖，發生的時間為長期反覆不斷，兩造勢力地位不對等的攻擊行為，造成被害者呈現生理或心理侵犯的結果。這種強欺弱的行為，未成年的加害者任由本能行事，大部分不了解自己的霸凌行為已經觸犯傷害、毀謗、妨害自由等罪行。

　　人身安全原本就是立法保障的基本人權，令人惱怒的是霸凌的發生和惡化，通常來自一連串的「巧合」。當霸凌者開始動作、受害者不敢聲張、父母沒有注意到孩子的異狀、老師沒有積極處理、校方事後沒有加強宣導、甚至故意隱瞞、不通報，霸凌網路影片由傳媒強力播送、引來同學的仿效，形成惡性循環，這個「巧合」就這樣一環扣著一環的發生。

根據兒童福利聯盟文教基金會 2011 年台灣校園霸凌現象調查報告發現：

- 逾半數學童遭受霸凌時候「選擇隱忍」，不會主動找大人求助。
- 霸凌的事發地點，最常發生的地點依序為廁所、教室內、上下學途中、 樓梯間、空教室。

● 校園霸 最常發生的時間，依序為下課時、放學時間、打掃時間、上課鐘響教師尚未進入教室時、午休。

● 約有 70%學生被霸凌後，很傷心難過；14%不想上學；甚至 25%孩子覺得不如死了算了。

這個調查告訴我們，孩子長時間待的地方一點也不安全，甚至危機不及時處理，將會埋藏與引發治安與生命的未爆彈。

父母親處理霸凌的態度

除了平時常跟孩子親近、聊天，知道他們的生活範圍、交友圈、平日的作息之外，若有些與日常不同的事情發生，應該追蹤。父母親請多留意孩子所交的朋友，參與的活動，是否透露出來的偏差價值觀？若發現孩子參與了霸凌，不要過度包庇保護，讓孩子一錯再錯。未成年的孩子，需要的是教導，而不是姑息包庇。當發現孩子異常的徵兆，父母要注意自己追問的態度：

● 若還沒收集完整資料就以告誡之姿，劈哩啪啦數落

孩子一頓，可能會錯失更重要的資訊，當孩子擔心挨罵，擔心家長擔心，更不願意告訴家長。

● 當被霸凌事件發生時，家長要控制自己的情緒，不要把自己比孩子更無助的心情加諸在孩子身上。應冷靜與通報，甚至嚴重的霸凌需要報警，求助於少年警察隊。沉著下來，不難發現有許多協助的資源就在身邊。

● 研究指出，捲入霸凌事件中的孩子，包括霸凌者與被霸凌者，都透露出情緒起伏大的共同徵兆，也同為自殺的高危險群，需要家長共同的關切，給予及時的協助。

被霸凌孩子的可疑行為徵兆

● 孩子的東西經常不見：不是習慣性的，是近期的變化。

● 家中遺失金錢，物品：通常是對孩子珍貴有用的，例如電動玩具、3C 產品、腳踏車。

● 帶危險物品上學：例如，折疊刀、起子、削尖的竹筷……可能是為了防身。

- 不想讓爸媽看學校的筆記本和課本：可能是被亂劃亂寫。
- 對金錢的要求增加，或從爸媽的皮包裡面偷錢：可能被恐嚇取財。
- 希望爸媽不要去參加學校的活動：不想讓父母擔心。
- 背著爸媽清洗衣服、制服、鞋子。可能已經被污損破壞。
- 不想外出，外出的時候會一直注意四周：可能被恐嚇過。
- 跟以前比起來，無心於功課，學習能力打折，成績下滑。
- 變得健忘，目光呆滯、反應遲鈍、恍神、注意力不集中。
- 情緒變化大，不安、焦慮、坐立難安，常為小事衝突。
- 減少與家人溝通、迴避問題與目光注視、答非所問，有所隱瞞。
- 食量改變、沒胃口或暴食。
- 睡眠改變，失眠，沒精神。

- 不想上學，拒學。
- 有暗示「死亡」的紙條、日記。
- 有自殘行為或自殺傾向。

參與霸凌孩子的可疑行為徵兆

- 參加幫派、廟會、成群結黨、飆車。
- 使用菸、酒、藥物、毒品。
- 朋友人數眾多，動不動撂人來喬事情，以暴力為解決問題的手段。
- 常深夜出門，或不歸，再晚都有人收留；與朋友出遊地點不明。
- 帶回不明來路的物品，例如手機、機車，聲稱是撿到的，代保管而已。
- 金錢使用量增加，來源不明。
- 帶危險物品例如各種攜帶式刀類出門。
- 希望爸媽不要去參加學校的活動，怕被老師告狀。
- 常為小事衝突、暴躁、態度囂張、頂嘴、不願被約束，講不聽。
- 抱怨自由度不夠、減少與家人溝通的意願。

- 活動多到沒時間睡覺，上學一條蟲，下課一條龍。
- 抗拒學習，不寫作業，上學是為了社交活動。
- 渴望權力。
- 恐怖圖騰的刺青。
- 事後自覺霸凌傷害別人，而產生了自責、罪惡感，從而會有自殘行為或自殺傾向。

面對校園霸凌的一帖良藥

鄭邦鎮／台南市政府教育局長

　　校園本來是最安全、充滿快樂的學習環境，但在複雜與交錯的因素之下，對某些人來說，卻是長大後最希望忘卻的記憶。

　　我很榮幸有這個機會推薦這本書，更感激作者羅秋怡院長將她在服務生涯中累積的經驗，化作文字，雖為保護當事人而將故事改編，但皆為本土的實際案例，符合台灣的在地經驗與文化。

　　在閱讀的過程，我的腦海也不自覺的回憶起一些自己成長過程中周遭的同學、親友所遭遇的不愉快往事，還有現在服務於教育的場域中，看到那些讓教師感到棘手的霸凌個案，時所出現的無助與遺憾，更覺得作者撰述此書的用心良苦。

　　書中數十則不同性質個案的鋪陳及其後的專業解析，

可以為家長及學校師生勾勒出校園各種霸凌的現象而知所警覺，而個人因職務所承擔的沉重責任和壓力，也因作者的精闢見解與正確的處理方針而減輕不少。

安全的校園學習環境是屬於每位學生共享的，也需要透過不同成員來共同維護；校園的霸凌是學生、家長與教師都不樂見的現象，在校園霸凌現象中，不論有沒有人直接受害，但所有成員都直接間接參與其中，其中包含加害者、受害者、目睹旁觀者，甚至是環境制度等，都對霸凌現象有所關涉，只有受害者的隱忍或是對加害者的輔導勸說，絕對無法有效降低發生的頻率。從國內外的研究與本書中的案例可以發現，唯有透過針對加害者、受害者、目睹者與環境制度各個層面分別投注關心與資源，並做整合的處置，才能為學子建立安全友善的學習空間。

本書的可貴處，在羅院長從她所經營的心理治療所的案件處理，以及接受地區 20-30 所學校的委託，所做的小團體與個別諮商等方式，就實際接觸師生、家長的近距離觀察所獲得的資訊，運用同理心，貼近處於校園霸凌現象中的成員，在字裡行間，分別提供關心、鼓勵以及阻卻之道，並分別針對受害者的遭遇、加害者的心理特質、目睹

者的身心發展、家庭中的相關成員應採取的態度，以及終止霸凌的導正方向，都經由充分的討論與剖析。再以專業的立場給予寶貴的意見，讓讀者們了解：面對霸凌，受害者及目睹者不應該以為只要採取隱忍退縮或獨善其身的態度就可以避免繼續受傷害，須知遭受霸凌者縱能免除皮肉之痛，但是他們心理的創傷，將是一輩子揮之不去的。

　　本人要藉此書的出版，呼籲大家不可輕忽霸凌現象的存在以及其中的每個環節：遭遇或發現霸凌，應即時揭發處理，不要拖延。平時則幫助孩子學習、接納彼此的多元與不同意見或習性，同時也學習正確處理來自他人的不友善態度。

　　讓我感動的是，從本書中我看見羅院長不但帶著愛穿梭在霸凌案件冰冷的黑影間，而且更要帶著個案去看見曙光。希冀所有閱讀本書的讀者，尤其學校教師、特教老師、輔導人員、社工人員、諮商與臨床心理人員，或是正處於熱鍋上的家長，同能感受這份暖意。

　　本書是羅院長在心理治療業務工作上，以愛和善心日積月累淬鍊出的精華，萬望能從預防、導正、治療社會（含學校與家庭）的霸凌現象，使霸凌從無所不在，轉變

成為無從發生，無法存在，創造一個讓孩子們從小就能懂
得互相尊重，互相提攜的友善校園。

霸凌發生在校園
源頭卻是在家庭

陳韺／台北市教育局教師中心教師諮詢專家
馬偕醫院自殺防治中心臨床督導

霸凌，雖然發生在校園，可是源頭卻是在家庭！

秋怡這本書清晰呈現這個關鍵角度，從家庭中的孩子討論到校園中的學生，協助家長、學校，甚至整個社會一起面對霸凌的真正問題所在。

秋怡長期在馬偕醫院精神科服務，專注於兒童少年心理，如今自己經營「上善心理治療所」，時時在學校、社區接觸個案，因此她寫霸凌，實在得其所哉。

書中的十九個青少年，是發生霸凌的主角，有加害者，有受害者，且在發展與心理上都有不同的特質，這些特質在家庭中長期被疏忽、被曲解了，日積月累，終於在校園中爆發出來。這本書正是以實際案例寫出了這類霸凌事件的來龍去脈，極具價值。

尤其在每個故事後的實際處理方法（書中標為「怎麼

辦呢?」),正是秋怡的實務專長,這是本書的一大優點,對面面對霸凌問題的父母與老師將有直接的幫助。

霸凌雖然是校園事件,但這類青少年離開校園進入社會之後,有五分之二的人卻以不同方式犯罪!

如果,今天不面對霸凌,它將來就是家庭問題,就是社會問題。如果,父母或老師輕率應付校園霸凌,或一味掩蓋,不深入找出問題所在,尋找有效處理方法,這種種兒少心理困擾,恐怕要繼續影響年輕人,繼續傷害家庭,不會因為孩子畢業就消失了。

個人長期從事「家族治療」,深知家庭塑造兒童、少年的個性影響力,秋怡這本書也給了我一些啟發,因此,這不只是一本處理霸凌事件的書籍,而且是了解兒童與青少年的書,也是了解父母暨師友角色的書。

霸凌是多重因素交織的結果

劉珣瑛／馬偕醫院精神科主治醫師

馬偕醫學院醫學系副教授

　　好友羅秋怡心理師希望我和陳韺能為她即將出版有關霸凌的書寫序時，我們都覺得十分興奮與榮幸，也十分願意推薦此書給有興趣的社會大眾。因為秋怡是我心目中的「俠女」，而她關注的「霸凌問題」更是切中時需。時序回溯到民國 78 年，秋怡從輔仁大學應用心理系畢業後，到馬偕醫院精神科服務，當時的我還是年輕的第二年住院醫師呢！我們一起工作、一起成長，建立了深厚的情感。民國 80 年我自台大醫院兒童心理衛生中心訓練後，回馬偕開創了兒童青少年心智業務的發展。秋怡與陳韺社工師及臨床精神科醫師的我，就建立了馬偕醫院兒童青少年醫療的「鐵三角」，共同在兒童青少年心理領域上服務許多孩子與家長。

　　為求更深入的學習與服務，秋怡爭取到公費赴美國賓

州大學進修兒童心理發展碩士。回國後，她的服務及關懷面更拓展到社區、校園與弱勢家庭。她在馬偕醫院服務病人之餘，也經常利用公暇時間接受學校、家扶中心、善牧基金會、兒福聯盟、兒童福利婦女保護機構、基金會及政府公務單位委託，辦理各項教育訓練及經由個別或團體心理治療、各種人際關係成長等，協助遭受到家暴或目睹暴力的孩童們。

秋怡於民國 96 年因家庭關係南遷，她來到台南即成立了上善心理治療所，更進一步將醫院所累積的豐富臨床經驗帶到南部，嘉惠南部的孩子們。在南部她的服務更加寬廣深入與自由，不僅一秉過去關懷弱勢與社區的精神，觸角更擴大及深入台南的各鄉鎮校園。從醫療的環境走到學生的現場，她發現了很多該處理還沒有處理的狀況，更以她一貫的熱忱提供專業而積極的協助，不只處理學生的情緒及行爲問題，也幫助老師跟家長了解解決問題的觀念與作法。

本書內容充實，從受害者的身心特質、加害者特質、到暴力的循環、特殊家庭困境及因應方式與求助管道等共有五個章節。由於霸凌是多重因素交織下的結果，包括生

理、心理；父母特質與家庭因素、學校因素、社會與文化因素等。基於霸凌的複雜性，秋怡先以一些改編過的小故事，讓讀者可以更具體了解霸凌的受害者或加害者可能出現的各種情境，再引導讀者至「怎麼辦」部分來傳達作者想表達的重點，藉著各種小故事告訴大家遇到霸凌的想法與作法。

由於校園霸凌已經成為近年來，最嚴重的校園治安問題：

隨著科技通訊的發達，現在的校園霸凌甚至可從學校生活延伸到下課後的私人時間，加害者可以用手機、網路等方式，24 小時持續施暴。

霸凌導致的身心傷害常是長遠的，然而許多受害者、有許多校園的學生、學校老師，或社會人士對霸凌的認知都還有待提升，這些都意味著，不論是學生、家長或老師們，還需要更多的相關知識及心理支持，幫助這群孩子們走出困境。面對日益嚴重的校園霸凌問題，美國醫學會提出呼籲：

校園霸凌是要長期關注的公共衛生問題，因為霸凌會造成受害者、加害者，甚至旁觀者，留下心理健康的長期後遺症。

然而目前坊間以霸凌為主的專書，多重理論，缺乏本土貼近當今現況的霸凌相關著作。秋怡累積多年的臨床實戰及深入校園幫忙處理的經驗，本著她一貫的熱忱與關懷之心，執著的在百忙中完成了這本書，目的是希望讓更多社會大眾，關心到這群在黑暗中備受煎熬的孩子們和有心保護孩子，卻不知該怎麼幫忙的家長，大家一起勇敢站出來面對、化解霸凌現象。我非常期待秋怡這本書的出版，幫助更多飽受霸凌之害、又束手無策的大人和學子們。

霸凌小時候不處理
長大更糟糕

羅秋怡／自序

　　大部分的人以為「霸凌別人的人很強」，其實，他們心裡有一塊弱小的區域，必須藉由欺負他人，才能讓自己看起來是強大的。

　　長期以來，他們不能用和他人一樣的和平方式，來與人共處，反而發展出文明人類在進化過程中丟棄了的「動物性」，用強欺弱的方式，來顯現自己還有點用。不然讓霸凌者離開依附的羽翼，成為單獨一個人時，就會感覺自己竟是如此的孤單與蒼白。

　　霸凌者還有一個特色，他們的語言是簡化而粗鄙的。大部分在童年時有學習上的困擾，可能常寫錯字、無法拼音、作文的句子零落得無法成文。他們可以成為一些人擁護的大哥大姊，跟他們較為野蠻大膽的行為有關。因為衝動，敢挑戰權威，無理的行徑與一般常態差異太大，所以

很容易吸引到想做卻不敢做的同伴。

霸凌是多重因素的結果，改善霸凌，絕非隔離一途可以解決！學者研究影響霸凌的因素，包含生理、父母特質、家庭、社會認知、同儕、社會環境、媒體、師生關係、學習問題等多重面向。

最早在 12 歲之前發生的早期攻擊行為，家長坐視不管的理由，或因忙於生計、或因父母婚姻破滅、家庭結構崩解；家庭成員有吸毒犯罪等等；失當行為沒被當下處理、改善，致使攻擊行為繼續惡化，隨之來到了青春期。

當孩子失去家庭的持續滋養保護，很容易靠向不良同儕，成群結黨，壯大聲勢，衍生成系統性的社會犯罪問題。根據統計，校園霸凌的男性，通常到 24 歲，大約 40% 的人，有高達 3 次或以上的犯罪紀錄。這個數據告訴我們，霸凌小時候不處理，長大更糟糕。

根據教育部 2010 年的調查指出：國中生曾遭霸凌的比率為 2%，若以 95 萬名國中生來計算，應該有一兩萬人，但以往教育部每年校安通報卻只有幾十件。

可見大部分的人是以「息事寧人」、「寬容以待」任由

霸凌發展，最後可能致使一些無辜受害者，犧牲了安全的基本人權。或者更嚴重的，會使旁觀者目睹暴力，在攻擊環境中學習模仿，假以時日，極可能從被害者、旁觀者，轉變為加害者，使得人們生命、安全受威脅的不安定感，呈倍數的增加。

　　霸凌就發生在我們周遭，但我們不一定敢制止。本書除了要幫忙大家了解霸凌者的心態，也要為被霸凌者這種不愉快的人生經驗發聲：因為那些被欺負者，之所以被欺負，絕不是因為那些被欺負的理由而該被欺負，更多是霸凌者所持的理由，根本稱不上是為理由，以及社會中的無知、忽視、誤解與縱容造成的。

　　我呼籲還在受霸凌之苦的孩子與每一個人，愛他的朋友與家人，伸出支持的援手，不要當無聲的旁觀者，勇敢的舉發受害的事實，因為只有勇敢站出來，才可能化解霸凌的現象。

　　這是我出版這本書的目的，也衷心的期盼和祝福：請

給我們大家的孩子，一個沒有恐懼、安全成長、快樂無憂
的求學環境！

第一章

身心特質與霸凌的關連

阿昌 / 過動兒

媽媽從小就告誡阿昌：「因為你是過動兒，萬一跟別人打起來，千萬別回手，不然媽媽賠都賠不完……」

阿昌長得矮矮黑黑的，是國一的學生，對功課沒有興趣，坐不住，又很皮；老師講課時，阿昌總是在台下搗蛋作怪。

老師若是真的板起臉，拿出藤條狠敲黑板，用巨大的響聲要嚇止阿昌，提醒他安靜，要不然待會得去學務處罰站，這時候阿昌還滿能配合，會安靜乖一下子。

平時同學跟阿昌玩得都很像小朋友打來打去，衝來衝去，受傷了頂多是一點點破皮。老師雖對阿昌有點感冒，對於剛上國一的學生，卻表現這麼幼稚，一概以「過動兒」可能的症狀一筆帶過。

　　阿昌的爸爸早就離家了，家裡只有媽媽打零工爲生。阿昌從小被診斷出是過動兒，媽媽也有帶著阿昌看醫生，但因爲不能常常去門診，藥也只有吃過幾次就停了。醫生曾經提醒媽媽：「過動兒是一種衝動、過動、注意力不集中爲主的兒童期發展疾患。雖不是什麼嚴重的毛病，但要注意控制他的行爲。」

　　可是生活壓得媽媽喘不過氣來，無法再多花心思看管阿昌。只能一再交代：「跟小朋友起衝突的時候，不可以回手。」媽媽擔心阿昌使蠻力，萬一打傷了小朋友，媽媽還要付醫藥費。

　　阿昌坐不住的毛病到了國中有好一點，但嘴巴停不下來，好幾個人與阿昌經常鬥嘴。阿昌輸人不輸陣，最後一句一定要由他出口，這種壞習慣惹火一堆人。即便到了後來，體育老師選中阿昌參加學校運動選手培訓隊，住在運動選手宿舍時也是如此。

　　媽媽認爲阿昌既然不喜歡讀書，剛好學校有發展體育專長的訓練營，雖然遇到集訓期，要住宿培育，這也沒什麼不妥。於是媽媽鼓勵阿昌去接受培訓。

　　阿昌心想：「反正有伴一起玩，去就去，又有什麼關

係！」也就欣然接受媽媽的建議。

　　國一的孩子離開媽媽的照顧，畢竟不習慣。阿昌不喜歡對選手們很嚴格的「卡路里」管制，尤其要增重跟要減重的選手與儲備選手，混在一起集訓，有時阿昌會忘記自己是要減重還是要增重？阿昌也不習慣睡覺的地方是大通鋪，有人打呼、有人捲棉被。最不習慣的是「要聽大師兄的話」。

　　體育營隊中很注重輩份，阿昌卻常搞不清楚，對誰要尊重？要特別對誰有禮貌？對誰是可以稱兄道弟的喊他兩聲的？這個禮拜就因為沒有注意，阿昌沒對曾經拿過區運比賽獎項的高中學長畢恭畢敬，被三名國二的男生，架去廁所痛扁一頓。

　　「很痛耶！」阿昌大叫，拳頭並沒有因此而客氣。

　　「對不起，我不敢了」，阿昌終於喊出來求饒了，拳頭總算停了下來。

　　同為一年級的同學，至少有四個看到了，不但不敢出面制止，也怕得不敢告訴老師，阿昌被打完還被嚴重警告：「欠扁就去告狀啊！」阿昌被海扁的時候很想K回去，但腦海中浮起媽媽憔悴的身影，從小一再的交代：「不可

以回手，不然醫藥費媽媽賠都賠不完……」阿昌心裡又恨又委屈。

在體育營隊中，阿昌越來越悶悶不樂，成績不盡理想，在學校上課的時候，忍不住常打瞌睡。連跟老師搗蛋作怪的力氣都沒了，老師還以為阿昌過剩精力被發洩了。

學長似乎每天的樂趣，就是想點子來整阿昌。一天晚上，學長夥同一群人，把阿昌叫出來，逼到偏僻角落，叫大家手拿 BB 槍、裝滿 BB 彈，瞄準阿昌射擊。阿昌跳來跳去，邊哭邊躲，他越是哀號求饒，這群人玩興越高，阿昌痛到倒地不起，學長還湊上來踢兩腳、惡狠狠的罵：「裝死！」

週末回家後，阿昌死都不肯再回體育營隊。

「怎麼可以半途而廢呢？」媽媽勸著。

阿昌撩起上衣長褲：「我怕再被他們拿來當靶打！」斑斑點點的瘀青、紅腫遍布在阿昌手腳、身上，震驚心碎的媽媽，抱著阿昌放聲痛哭。

「他們一直欺負我，剛開始，我一直忍，我希望有一天，得獎牌贏獎金，給媽媽有光榮的感覺。可是現在，我真的痛怕了……」

　　媽媽好無助、好無力、好害怕，她真的不知道該怎樣
來保護懷裡這個傷痕累累的孩子……

怎麼辦呢？

　　媽媽告誡阿昌不能還手，看似怕阿昌闖禍，卻也誤導他面對霸凌，只能忍耐的無效策略。

　　過動兒本身不是被欺負的主因，因生理特徵出現不由自主的小小作怪，基本上不是惡意的。反而是以「過動兒衝動」的特質，認為欺負他們是有道理的，這種心態才是阿昌被霸凌的原因。

　　這件事的後續發展，因為阿昌說什麼都拒絕回體育營隊，終於引起教練的注意。教練查訪多名同宿舍選手，發現阿昌不只被 BB 彈攻擊一次，而是幾乎每個禮拜都有，簡直是高年級學長的射擊活靶，這種以弱小為攻擊對象，已經大大影響同宿舍的成員。多數同學敢怒不敢言，害怕自己成為下一個目標。

　　教練查出學長惡質的行為，告訴阿昌的母親，帶阿昌先去驗傷，再向警局提告傷害。阿昌的媽媽一開始很猶

豫，不敢去驗傷，經過教練一再說明，驗傷單明確記載確
有傷勢，是提告的必要文件之後，媽媽才帶阿昌去醫院驗
傷。

　　教練集合所有團隊成員宣布：「這種欺凌弱小的行徑，
不是運動家所當為，不能讓這種大欺小的殘酷現象，在運
動界裡傳染下去。若再發生這樣的事情，除踢出集訓營隊
外，並移送法辦。」

轉學不能解決問題 / 亞斯伯格症

　　小原的媽媽又接到學校來電，小一上學期還沒結束，已經到校「善後」十幾趟了。媽媽精疲力竭，委屈又生氣，對於不友善的同學惡整小原，加上無動於衷的老師，媽媽很著急、很不知所措……

　　明明小原說的是：「衛生股長、小朋友都欺負我、罵我，跟老師說也沒用，老師只會叫媽媽過來，都不管管那些壞小孩！」小原哭得一把眼淚一把鼻涕控訴。

　　慢慢的，媽媽發現每次「應邀」到了學校之後，總會有不同版本的出入，媽媽更頭痛。媽媽很想幫小原解決問題，可是真的不知從何幫起？

　　還原第一次媽媽到校的「掃地事件」，是一早衛生股長打掃前先提醒小原：「地要掃乾淨。」小原發脾氣大哭，

不肯進教室上課，認為是衛生股長故意欺負自己：「我又還沒開始掃，他怎麼就說我掃不乾淨？」

　　第二次是同學在玩「甲蟲王卡」的時候，小原興沖沖地想加入，卻與大家一言不合，把所有人的卡片都撕掉了，引起公憤而被同學們群起圍攻。

　　第三次與第四次，是下課時，同學們說好大家一起玩打架遊戲，結果打到後來玩瘋了，小原以為大家藉打群架，五個欺負自己一個，於是在走廊上號啕大哭，老師怎麼勸都勸不住。

　　小原一再失控，同學們都漸漸不願意跟小原一起玩了。甚至有些比較調皮的小朋友，會開始幫小原取綽號，叫他「愛哭包」，惹得小原更生氣。之後小原只要聽到任何與「包」有關的，什麼小籠包、豆沙包、蒙古包，都會引發小原錯覺：「自己又被說壞話了。」常因此在班上與小朋友起衝突，大哭大鬧，甚至翻桌子。

　　第五次也是「綽號」開啟戰端，小原媽媽為此特別到班上，好言好語拜託同學請大家不要再提「愛哭包」三個字，也當同學面告誡小原：「不可以在學校，用亂發脾氣的方式來表達憤怒，更不可以用哭鬧的方式來解決問題。」

原本媽媽以為這樣處理，可以減緩小朋友和小原的衝突。

第六次，小原蹲在走廊角落哭，敏敏好心過來問：「小原你在哭什麼啊？」小原起身用力一推：「誰要妳管啊！」跌倒的敏敏嚇到說不出話來，因為小原認為她在嘲笑自己是很愛哭的男生。

第七次，媽媽接到學校電話，跟爸爸狠吵起來，她不想再一個人孤單的到學校面對「無解」的問題，要求爸爸也要一起面對。爸爸就來了學校這麼一次，回家把小原海K一頓：「你再跟同學吵架、打架試試看，老子沒那麼多閒工夫，不會一天到晚出面幫你善後。」爸爸只想用暴力快速解決問題，卻不知這種態度只會越幫越忙、於事無補，媽媽好傷心，摟著小原痛哭。

漸漸地，小原變成全年級知名的頭痛人物，明明才小一，老師卻常受不了小原，跟媽媽抱怨連連。當同學與小原起衝突時，老師開始冷處理，覺得不一定是同學欺負小原，都是小原愛亂發脾氣，才會讓人際關係這麼差。

老師在聯絡簿上寫著：小惠是全班最溫和的同學，跟小原同組都可以吵成一團。是否因為爸媽太寵小原，才讓小原脾氣這麼暴躁？

媽媽看完，覺得很「欲哭無淚」的挫折與茫然。

媽媽第八次去學校，是因為科任老師處理小原和同學衝突時，小原又開始鬧脾氣，科任老師一氣之下，罰小原去跑操場。小原邊哭邊跑邊發脾氣罵人，一看到媽媽來，更是哭到天昏地暗。

媽媽快崩潰了，認為學校怎麼可以不「秉公處理」，卻一起欺負小原？準備找民代、找記者來申訴，直到科任老師、導師、校長都出面和小原媽媽道歉，表示絕對不是、也不會故意針對小原找麻煩，請媽媽放心，媽媽才勉強作罷。

臨睡前，媽媽溫柔的撫摸著小原的臉頰：「小朋友之間有事情要好好說、慢慢說清楚，越是大吼大叫發脾氣，同學會更聽不懂你要說什麼。」小原只是轉身緊緊抱著媽媽。

第九次，小原最要好的小朋友建華，被小原動手打了，建華的媽媽怒氣沖天到學校來警告小原……

第十次，小原上課屢屢不守秩序，引起同班家長們的議論紛紛，逼著老師和學校要想辦法解決……

小原開始天天鬧脾氣、不願意再到學校上課，媽媽想

破頭也搞不清楚，明明只是才小學一年級的七歲小學生，上個學怎麼會有這麼多沒完沒了的麻煩？媽媽覺得很疑惑：在上幼稚園的時候，小原不是這樣的啊！那時候的小原安安靜靜的，雖然不擅長交朋友，但是很少會跟同學起爭執，怎麼一進小學就問題連連呢？

　　況且，小原出狀況時，爸媽好好講也講過了、罵也罵過了，甚至爸爸動手打也打過好多次了。在學校，小原非常不快樂，在家，小原非常沉默；媽媽不知道該怎麼辦。

　　「準備轉學吧，看能不能碰運氣，換到一個比較友善的環境就讀。」媽媽心裡盤算著：「要不然現在才不過小一上學期，未來還有十幾年的求學路，能怎麼辦？」

怎麼辦呢？

轉學，真的不能解決問題！

特別是有「亞斯伯格」特質的小朋友，在成長過程中，因為大量的社會人際訊息快速流通，難以辨識跟從，會因溝通不及時，事後又難回溯，出現誤解。父母親若只從孩子的反應來看，以為遭到天大的霸凌是常有的事。父母親緊張憂慮，想轉換環境，然而如此一來，反而耽誤讓孩子學習的契機。

亞斯伯格症跟自閉症，都屬於一種溝通障礙，若沒有定格解釋情境所發生的事，誤解是常有的。亞斯伯格孩子的語言能力雖是正常範圍，但對於理解社會人際的潛規則仍有些不足。

亞斯伯格症的小朋友通常很直，堅守規定，聽不懂字裡行間隱藏的意思，或是非語言溝通中的默契雙關語。亞斯伯格症的孩子還有另一個特點，便是對於抽象的情緒難

以表達，面對不舒服的感受往往直接鬧脾氣，無法好好地描述原因。

　　會因為誤解他人意思而產生衝突，又會過度地表達情緒，往往讓亞斯伯格症孩子的人際關係陷入惡性循環，不但不容易交到朋友，甚至越到高年級，越可能會引起其他同學貼上負面的標籤。從感覺被霸凌，到後來講不清楚就直接動手，反成霸凌他人，這種循環往往交替出現。

　　家長通常害怕被貼標籤，又考慮到療育非短時間可以改善，一拖再拖，反而讓孩子暴露在被誤解與可能被霸凌的險境中，唯有面對它，才能克服它。因此，要協助小原這類的亞斯伯格症孩子唯有趁早，以人際溝通訓練的小團體或是個別諮商方式，協助孩子辨識社會互動中的非語言訊息，學習以友善的方式回應他人，處理與面對不舒服的訊息。

　　特別當衝突來臨時，大人不要強制在短時間內要孩子們彼此道歉了事，而是需要花點時間將亞斯伯格症孩子與其他孩子的誤會釐清，讓亞斯伯格症孩子得以完全理解事情始末，並能從衝突中學習與他人的相處之道。

　　小原在經過心理師設計的人際溝通訓練及個別諮商的

協助之後，已較能夠表達情緒，面對他人的意思較能夠停下來表達自己的感受，而非直接表達生氣。

　　當學校老師經媽媽說明治療過程，理解了小原背後的事出有因狀況，對小原的失控也較知道如何處理。小原一出現狀況，老師會請小原先去輔導室冷靜一下，冷靜之後再協助小原與同學釐清誤會，不一定都只有一個人對，或一個人錯。而是誰錯誰道歉、誰錯誰負責。

　　漸漸的，小原改變了許多，變得較為溫和，班上同學頒發了「脾氣最佳進步」給小原當鼓勵，對小原不再抱怨連連。小原媽媽懸在半空中的心，也安定了下來，不會再三天兩頭的接到學校的善後通知；最重要的是小原也開始享受與同學一起玩耍的樂趣了。

　　要了解或幫助具有亞斯伯格症的孩子，家長可洽詢各大醫院「兒童心智科」治療團隊，或是衛生局立案的心理治療所，有專業的治療師協助擬定適合孩子的療程。亞斯伯格症的孩子入學後，各地主管教育行政機關設有特殊教育學生鑑定及就學輔導委員會（簡稱鑑輔會），聘請衛生及相關機關代表、相關服務專業人員、及學生家長代表為委員，處理有關鑑定、安置及輔導事宜，有關的學生家長

並得列席。鑑輔會的鑑定多半安排在學校開學開始運作，一旦符合資格，學校會有特殊教育資源的介入，來協助孩子。

別叫我胖子 / 罕見疾病

「變胖不是我所願，別一再叫我胖子，跟病魔拔河時，請別落井下石，因為我也很想趕快好起來，像沒生病前，和大家快樂在一起……」

珍珍在升小六的暑假時，診斷出罹患多發性硬化症，發病時，珍珍感覺自己的身體像是失控了，不時疼痛、麻木，連穿拖鞋都感到吃力。有時身體瞬間無力、看不見、講話不清楚、頭腦反應變遲鈍。

全家頭一次聽過這個叫什麼的硬化症怪病，父母的生活工作，珍珍的健康、課業，都受到突如其來的極大干擾，全家籠罩在這個連醫生都無法治癒的怪病陰霾中。跑遍各大醫學中心尋訪名醫外，南北叫得出名號的大小廟宇全一一求神拜佛過，就深怕甩脫不掉這個厄運。每一次珍

珍發病，對於她和家人，都是無盡的煎熬。

　　醫生說：「多發性硬化症，是一種攻擊自體免疫的病變，症狀將視其所影響的神經組織而定，若是發作在視神經系統，患者可能會出現視力受損、甚至失明；若是發作在運動神經系統，患者會肢體無力、平衡失調、行動不便、麻木、感覺異常、口齒不清、暈眩、大小便機能失調等症狀。這些症狀因人而異，嚴重程度也不盡相同。身體狀況時好時壞，每次發作後有可能會好，也有可能永遠失去功能。發作時機很難掌握，發作時間長短不一，誰也說不準，是否會一再發生新的症狀？這是目前醫學界也無法預測的。」

　　多發性硬化症，多是發生在女性成年時期，像珍珍這麼早就發病的，在全世界都是少見的。得到這麼嚴重的病，珍珍在家養病，專心與病魔對抗，醫生交代不可以隨意停藥外：「病情控制穩定後，才可以考慮上學。」

　　為了控制住急性發作的症狀，珍珍大約休學了一個學期。「想念同學、想念校園生活，要努力趕快好起來。」成了珍珍努力調養的驅動力。病情終於控制住了，但也出現了水腫肥胖的副作用，以前的瓜子臉變成了月亮臉，身

材變成了「米其林寶寶」。這段時間，珍珍從 40 公斤增到 55 公斤，很明顯整個人大了兩號。

　　原本功課是前三名，因為生病後常跑醫院治療，身體與精神容易疲累不濟。休學返校後，她的課業跟不上，身體外貌和行動起了大變化，判若兩人，同學不免在珍珍背後議論紛紛，指指點點。

　　返校後，珍珍體力大不如從前，下課時盡量趴著休息。一天午休時，同學看她都沒動，以為珍珍睡著了，閒談間聊著：

　　「一個學期不見，珍珍怎麼胖成這樣？」

　　「胖子果然好吃懶做愛睡覺。」

　　「跟一種動物一樣。」

　　「豬嘛！」

　　「是吃什麼牌子的飼料啊？」雖然同學說得像在開玩笑，珍珍還是偷偷掉淚了。

　　「妳們猜她是得什麼病啊，會不會傳染？」

　　「我們還是跟她保持距離，以策安全的好。」

　　珍珍的眼淚，溼了制服的衣袖，只能繼續裝睡。

　　期中考發考卷時，老師報分數，珍珍看著不曾出現過

的低分，聽到同學小聲嘲笑：「胖子以前功課不是很好？很踐的嗎？」

導師在班會上特別要求同學，對生病的珍珍要多加照顧。班上一個常被導師責罵的同學阿江，下課故意到珍珍座位旁，用力撞課桌，發出巨大聲響吸引同學眼光，對著正在吃藥的珍珍嗆：「胖豬，欠人照顧喔！」

有了阿江帶頭，班上一些頑皮同學開始三不五時捉弄珍珍，班導師知道後雖然有勸導，但老師越介入，阿江一夥越找珍珍麻煩。即便是沒參與鬧珍珍的同學，他們的冷漠不伸援手，讓珍珍心寒極了。每天都這樣，在漫長的上課中等待放學，每堂課的下課時間，成了珍珍夢魘，經常得忍受冷嘲熱諷，實在受不了了，只能逃到廁所去哭一哭。

珍珍情緒越來越憂鬱，因為不想再變胖，開始抗拒吃藥；病情變得不穩定，請病假的次數就越來越多，每次返校，連走路都舉步維艱，可是依然被說：「裝病躲考試，也能混畢業，有一套啦！」

看著學校發給家長的畢業典禮邀請函，珍珍沒有勇氣參加，她更害怕父母會聽到那些閒言冷語的訕笑，這群班

上同學，自己躲都來不及了，再也不想看到圍著她胡亂批
評的阿江一夥，還有那些冷眼看她一路受欺凌的同學。

怎麼辦呢？

　　人們對於罕見疾病的理解非常有限，以至於病人得直接面對疾病造成的生理痛苦、未知的不確定變數外，還有他人疑惑排斥的眼光。

　　多發性硬化症的病患，好發於 20-40 歲的女性，女性罹患的機率又是男性的 2-3 倍。特別是寒冷地區的國家，人數會比較多。

　　根據美國的統計，北緯 37 度以下是每十萬人當中有 57-78 人的發生率。但在北緯 37 度以上的區域則是增加將近 2 倍。台灣屬於亞熱帶氣候，約有十萬分之二的發生率。以珍珍為例，在年齡、區域來說，罹患此病，都是罕見中的罕見。家屬對這樣的疾病甚難理解，得知罹病的噩耗時，馬上陷入無助、恐懼與悲傷中。

　　雖然老師試圖要同學「照顧」珍珍，但同學對於疾病無知恐懼，就只能以看到的肥胖外表做最直接的反應，對

於神經系統受到攻擊後果的嚴重性,當然不會思考得到。害怕「傳染」或以不友善的嘲諷、漠視,乃至於排擠態度、或「言語問候」,這類的另眼相看,都可能成為壓垮罹病同學的最後一根稻草。

這個霸凌個案,一方面珍珍成了阿江對老師不滿的替代發洩,引起一票同學瞎起鬨;另一方面,起於無知,冷漠以對的同學,以為只要珍珍別在班上出現,大家就不用再看到這個疾病造成的令人不舒服。

台灣成立的罕見疾病基金會,對於罕見疾病病患與家屬,不但提供疾病相關以及治療資訊,也有定期聚會,協助患者與家屬,如何來面對疾病與調適。

各地聯絡方式:

- 台北市中山區長春路 20 號 6 樓
  電話╱02-2521-0717
- 台中市北區進化北路 238 號 7 樓之 5
  電話╱04-2236-3595
- 高雄市新興區民生一路 206 號 9 樓之 3
  電話╱07-229-8311

以珍珍才 12 歲,正值「同儕認同」的發展階段,自

我價值，常是透過朋友的評語來建立。疾病會拉開與同儕的距離，若是能夠先學習照顧自己的身體，了解如何控制疾病，轉化成跟病體和平相處，比如檢視疾病可能帶來什麼樣的生活環境改變？可能不只是飲食、睡眠等生活習慣需要調整，甚至是連思考、待人接物的態度、包括和家人、親友間，都有不一樣的相處模式。

珍珍沒參加畢業典禮，引起班導師的關注，私下找珍珍談話後，老師告訴珍珍一個小故事：罹患三好氏遠端肌肉病變的主播楊玉欣，被訪問時提到：「如果沒有死亡，活著也就不會如此重大。如果沒有盡頭，選擇也就不會如此深刻。」

老師建議珍珍：「坦然面對疾病過日子，如果妳的心態是陽光的、那妳身邊的家人、同學、朋友大家感受到妳的樂觀進取的態度，他們也會像陽光一般，回報給妳溫暖。」在升上國中的這個暑假，珍珍打起精神，在老師一次次的開導下，選擇重新出發。

在國中新生訓練的自我介紹中，珍珍以「謝謝它」作為開場：「多發性硬化症，這麼難得的罕見疾病都讓我得到了，我還有什麼好害怕的。我非常感謝身邊所有幫助我

　　的人⋯⋯」短短兩分鐘，珍珍面對挫折的不妥協，贏得同學們熱烈掌聲與佩服的眼光。

　　老師在上生命教育課時，以體驗「當身體不能⋯⋯時」讓同學們實地感受，每一個人身體的狀況不是永遠的那麼好，讓大家學習體諒與幫助身體不方便的人，代替對疾病因為懵懂而造成的無謂恐懼。

　　對珍珍來說，上國中，何嘗不是學習新階段與生命中新生活的一個開始，燦爛的陽光，這回真正的照進了珍珍的心裡，對未來，珍珍開始也有達成夢想的原動力了。

矮冬瓜 / 先天性軟骨發育不全症

小亞身高只有 120 公分，小學三年級之前，同學之間都還有說有笑的。等上了高年級之後，小亞想要交個朋友都很難……

小亞罹患先天性軟骨發育不全症，整個人的外型頭大四肢短小。小學時代，小亞喜歡跟同學玩遊戲，大家相處很和善融洽，只是每次一起玩鬼抓人，不管怎麼玩，大部分都是小亞當鬼。

小四開始，班上同學有人已經高過小亞一個頭了，小亞想在身高成長方面跟上同學們的速度，越來越吃力。和同學走在一起，小亞一點都不像同年齡的小朋友。

小五換了班級，小亞的玩伴都分到別班，偶爾在走廊上遇到，只能點頭說嗨而已。在排打掃工作時，老師指派

給小亞是最輕鬆的工作，因為他擦不到黑板最高處，也抬不動裝了水的水桶，有同學發出不平之鳴：「矮冬瓜，很好運嘛，打掃都做最輕鬆不出力的。」

醫生和小亞媽媽說：「小亞這輩子最高的身高，不會超過 120 公分。因為先天性軟骨發育不全，小亞經常會感到疲勞、知覺麻木、下背痛及大腿疼痛，如果只是肌肉痠痛，不需太緊張掛心。不過，要特別小心的是下背部脊椎管，容易受到壓迫。因此體重不能太重，否則身體難以負荷。」

媽媽聽從醫師的建議，只給清淡而營養的食物讓小亞吃。關於麥當勞，一年有兩次可以進去打打牙祭就不錯了。醫生的交代和媽媽每天碎碎唸的叮嚀，下課時間，小亞多半在教室裡，看著窗外同學盡興的玩耍、奔跑。

體育老師考量小亞的體能，不會嚴苛要求，甚至只要有出現在操場，點過名即可到一旁休息。小亞熱愛的躲避球，因為跑不動也受不住快速球的砸擊，老師不敢讓小亞上場參加，小亞只能坐在陰涼樹蔭下休息。當同學又躲又叫玩得滿身汗，小亞羨慕到想哭。

上了國中後，同齡的孩子們長得更高了；每天上課走

過長廊，小亞都會聽到不懷好意的挑釁：

「馬戲班的侏儒來嘍！」

「矮子矮，趕快去換雙恨天高鞋穿。」

「矮子動作慢，閃邊別擋路！」

小亞跟媽媽訴說委屈，媽媽嘆了長長一口氣安慰他：「別對號入座，那些同學講的不一定是針對你。」其實媽媽心裡很擔心，怕小亞去頂撞，反而引起叛逆期國中生的霸凌；媽媽消極的說詞，讓小亞感覺更加孤獨。

校慶時，學校運動會要所有學生一律參加，班導師說這是有助於全班團結的活動，小亞被排到一百公尺接力賽的第二棒，小亞又驚又喜，因為他小學高年級後幾乎不曾跑過操場；終於也有參加班上活動的機會了。

運動會那天，小亞拚著喘到上氣不接下氣，使勁努力的跑「責任額」，沒想到回到教室，一群同學圍著他大罵：

「都是你害的，你把我們全年級第一名的成績拉成最後一名，白痴啊！」

「真倒楣我們班上怎麼有這種害群之馬。」

有同學用力狠狠的敲打小亞的桌子、有人踢小亞的椅子，還有人出手推了小亞一把……小亞頭腦一片空白，忍

不住哭了出來。

　　「還哭咧，不要臉！」

　　「又不是女生，動不動就哭，有夠娘！」

　　「自己帶ㄙㄨㄟ，怪誰啊？」

　　隔天起，小亞再沒出現在教室內，有人說他生病住院了、有人說他沒臉來上課了，可是，沒有一個同學想去探望慰問一下小亞「你還好嗎？」……

怎麼辦呢？

　　軟骨發育不全症，屬於顯性遺傳疾病，發生率是兩萬五到四萬分之一。發生疾病的原因不是「前輩子做什麼壞事」，超過 80% 以上患者父母，皆有正常的身高。

　　這疾病是因為基因突變，長骨無法像正常人一般的成長，導致患者的手腳看起來特別的短。軟骨發育不全症患者智力不受影響，但運動能力發育較晚。導致病患長大後，容易從事靜態而非動態的工作。

　　先天疾病讓小亞越大越寂寞，同齡同學雖然具有正常的體型，卻顯現無知、沒有同理心的偏差心態，無法體會小亞體能上的限制，片面的將「跑不快、跑輸了」列為責怪的理由。

　　小亞不想再見到這些班上同學，休學了一年，媽媽也不想再勉強他。在這段時間，媽媽常陪小亞上圖書館看書消磨時間。直到有一天，小亞看到《120 公分的勇氣》陳

攸華教授寫的書，讓小亞豁然開朗起來。

　　陳教授跟小亞罹患一樣的染色體異常疾病，成長過程飽受別人 樣的眼光，但他開 觀， 僅在美國馬里蘭大學獲得碩士學位，更在 39 歲那年於英國雪菲爾德大學取得博士學位。陳攸華博士原於英國布 內爾大學任教，2009 8 月被國 中央大學網 學習科技研究所延攬回國，聘為專任教授，並獲頒新進傑出教師獎。

　　小亞鼓起勇氣寫信給陳教授，了解到先天疾病不是自己能選的，但命運卻是可以自己掌握的。他決定再重回校園時，要抬頭挺胸昂首闊步，不再自卑的低著頭。

　　新學期開學那一天，媽媽懷著激動忐忑的心情，偷偷跟在小亞身後，看著小亞踏進學校，主動和認識的同學打招呼，媽媽眼淚奪眶而出，她知道小亞的這一步得之不易，但只要有勇氣踏出去，媽媽的心就足以欣慰了。

是男生還是女生 / 雙性人

　　國中三年以來，沒有一次上廁所是平靜的，為了不受干擾，教室明明在 3 樓，小魚還要跑去前一棟大樓，在不同年級的教室區上廁所。

　　國中一年級時，同校男生用詭異的眼光打量小魚時，他就知道，接下來這三年不會有平靜的日子好過。只是沒想到，以前同校過的同學，會這麼惡毒，這麼趕盡殺絕。當這群男生看到小魚進廁所時的叫囂，小魚不會覺得是身在國中校園，而是在一個充滿惡狼的荒郊野地。

　　小魚的爸爸不在台灣，媽媽從小就告訴他：「我們母子相依爲命、再親不過，有事情要告訴媽媽，媽媽一定會保護你的。」小魚的爸爸也沒有不管母子倆，而是遠水救不了近火，每次受委屈打完電話，等爸爸回到台灣，都事

過好幾個月了。

　　有記憶以來，小魚媽媽不論是就醫，還是復健，總是一路相陪，鼓勵著小魚：「忍一忍，寶貝乖！」媽媽總在小魚害怕的時候，將小魚緊緊攬在懷中，輕輕唱首歌，說說故事，媽媽強忍的淚水，閃閃發光，媽媽的哽咽讓小魚心疼，再痛也不會在媽媽面前哭泣，有時還會拍拍媽媽的背，強顏歡笑安慰媽媽。

　　小魚是七個月的早產兒，出生時頸部被臍帶纏繞，差點死掉。住了三個月保溫箱，發現有先天性心臟病，五歲前一定要開刀，不然有生命危險。除了心臟之外，視力也不良，小魚有先天弱視，還有偏頭痛。在天氣溫度變化大時，頭痛欲裂，冷熱失調，頭暈想吐，眼睛無法對焦。更糟的是，醫師還發現小魚的身體裡面，同時有兩性的性器官，最慢要在 12 歲時再動一次大刀，不論保留的是男性還是女性的性器官，未來小魚都不會有生殖能力。

　　升小五時，醫師告訴媽媽：「需要決定一個性別，而且因為小魚兩個性別的特徵都不夠，不是只有動手術就好，未來還要經常打賀爾蒙，而這些賀爾蒙針劑，難免是會有副作用的。」

媽媽對小魚說：「人活著，要超脫自己的身體限制。」

剛升小五的小魚似懂非懂。

媽媽只好再說：「聖嚴法師說過：心理生病的人，才是不健康的人。」要小魚不要「執著」於身體上的痛苦。

小魚還是聽不太懂，只知道要把握能蹦能跳的任何機會，因為總不知道什麼時候又要住院。能夠在學校和一群小朋友在一起是快樂的，表示自己能活動、沒有喘不過氣、沒有頭痛……

可是這份喜歡上學的好心情，升上國中走進校門的那一天起，都變調了。小五小六和小魚同班的阿雄，在小學就已經是學校的頭痛人物，雖然是編在不同班，每次看到小魚，就故意大聲嚷嚷：「大家來猜他是男生還是女生？」或是「不男不女的小人妖來嘍！」

小魚低頭匆匆走過，裝作不知阿雄在說誰、沒聽見、沒看見這號人物，希望只要忍氣吞聲別去理他，不會有人注意的。然而久而久之，阿雄招兵買馬來的一票同學，看到他就指指點點的叫：「人妖、人妖，來看免錢的人妖！」

有次阿雄帶頭，他們一群人跟著小魚進去廁所，小魚火速閃躲進了一間大號間，並且鎖上門，任由他們手拍腳

踹著門喊叫：「出來、出來給我們參觀參觀。」小魚恐懼到全身發抖眼淚直掉，心裡一直一直求求老天爺幫幫忙，能不能有見義勇為的同學去找老師來救救他？

　　小魚從未站在立式的便斗前小便過，就算他想，受限身體缺失也沒辦法。小六時那次手術並沒有成功，他的尿道沒做好，一樣無法站著尿尿。

　　在阿雄宣傳下，每次小魚進去有門的廁所，只要聽到進進出出的腳步聲，有時嚇到尿不出來。阿雄那群人總有人在盯他，只要他關門上廁所，馬上就有人來大力拍打門：

　　「是男生就出來小便呀！」

　　「是女生幹嘛跑來上男生廁所？」

　　「哪有人天天每次上廁所都ㄘㄨㄚˋㄙㄞˋ啊？」

　　聽到外面陣陣譏諷嘲笑，小魚總等上課鐘響過，再三傾聽廁所沒聲響、確定是沒人了，才敢開門出來，用快跑衝回教室，碰到不知情的老師，以為他貪玩不準時進教室上課，小魚又得罰站一堂課。

　　上學變成小魚沉重的負擔，要不就整天不喝水憋尿，實在忍不住了，得冒險被阿雄一夥人堵，要不就晚進教室

被老師罰站。但若找藉口不上學，又怕媽媽擔心。

上國中後，媽媽每天都問小魚：「今天在學校過得好嗎？」

小魚知道媽媽的憂愁，曾何幾時，這句關心話成為小魚最痛恨的一句話。多次沉默不理後，媽媽急了：「是不是有人欺負你？」

小魚失控大吼：「妳要生，幹嘛不生個健康的孩子？我身體這麼差，當時為什麼不讓我死掉算了？」

話一出口，小魚立刻就後悔了，看到媽媽跌坐沙發上，臉色蒼白，掩著嘴哭不出來，小魚衝回房間甩上門，放聲大哭。

放暑假了，小魚還要再做一次重建手術。身體再次被醫生劃開，加上了新玩意，自己都覺得變好奇怪。新加入身體上的性器官，算是小魚陌生的新朋友，真的有說不出的奇怪。

小魚忍不住問媽媽：「不能保持原來的樣子嗎？不是男生也沒關係啊。」

媽媽暗自流淚外，不知如何回答。小魚的性別，小學是女生，到國中時看來較偏男生，連醫生都不能給個明確

說法，小魚該當女生？還是當男生對他自己比較好？小魚可以再變回女生嗎？如果當女生，會不會在成長的路上少受些欺凌？女孩子總該友善些吧？媽媽陷入苦思，背著小魚，媽媽的淚水夜夜沒停過。

小魚狂上網去看很多與他疾病相關的資訊，悟出沒人的生命是永遠的，也沒人有法子選擇自己喜歡的身體。小魚似乎懵懵懂懂的想開了：既然跟大家不一樣就算了，我可以找自己可以做的事情來做，世上沒人能十全十美，每個人多少都有些缺陷，只要我能接納自己的身體，就算活不過 50 歲，一切老天爺自有安排。

忘了是哪位偉人說的：「生命的意義不在長短，該怎麼過，只管過好每一天就是了。」小魚大大鬆了一口氣，覺得自己該算「破繭而出」了吧？這個暑假，小魚覺得最大的收穫，是自己給自己做足了心理建設。

開學了，走路要忍耐尿道的傷口還沒完全癒合的痛，加上想上廁所要繞遠路，實在滿痛苦的。這天，憋到第五節下課，小魚實在忍不住了趕緊去上廁所，阿雄那群人看到小魚走過教室，立刻跟了出去。

等小魚走進廁所後，阿雄馬上派人把風，他們決意要

一窺究竟，阿雄和另外一個同學，躡手躡腳爬上左右兩間的門框，拿起手機「啪、啪、啪」連拍個不停——

「拍到嘍，拍到人妖嘍！」

「YA，快給我看！」

「別急別急，我馬上會 PO 上網，給大家看的啦！」阿雄得意又猥褻的嚷嚷，一群人嬉鬧的走出廁所。

「天啊，讓我死了吧！」小魚只覺得眼前一片黑，砰的一聲暈倒在廁所裡……

怎麼辦呢？

「性霸凌」指的是不斷的性騷擾或性暴力，譏笑對方是男人婆、娘娘腔、同性戀，或是傳遞誰和誰在廁所接吻、性愛等等紙條或謠言，甚至真的進行身體上的性侵犯行為。面對性霸凌絕不可輕忽，民國 89 年 4 月，屏東高樹國中少年葉永誌就是因為陰柔女性化特質，長期被同學性霸凌，甚至演變成「頭部重創死在校園廁所」。這是性霸凌事件演變成謀殺事件的真實案例。

當時欺負葉永誌的同學們，嘲諷他不是個男生，上廁所時經常騷擾他，強脫褲子檢查生殖器官，這些惡形惡狀，怎可說是「開玩笑」？事發當時，到底當時有幾個人在場推擠動手，沒一個敢出來承認自己的所作所為。加上學校當時驚慌失措，甚至清洗現場後才報案，更使葉永誌的死成為無頭公案。葉永誌在校園被霸凌致死，在當時的社會引起一陣檢討與撻伐，性別平等教育法因而被催生，

這是他用生命換來的。殺死他的不只是無知偏見的同學，還有校方姑息消極的態度。

　　阿雄這群國中男生對性的好奇，執著於小魚的雙性與變性，以難聽的性別歧視字眼叫囂辱罵、甚至尾隨小魚到廁所偷拍，都是違反「兩性平等法」，已屬於惡質的性騷擾，當然不能只以「好奇」作為犯行的藉口。先天身體的與眾不同，不該是被霸凌的原因。

　　人類不是一開始就懂得尊重其他人的基本人權。在累積文明進化的社會中，人類被教化，受法律規範，站在道德倫理的觀點，逐步漸進使用語言來處理事情，而不是動輒出手；這其中當然包括性別尊重。

　　每個人都有免於被偷窺侵犯的權利。身體隱私是基本人權，當受到外力侵犯，不論是言語、目光、動手還是偷拍，都是嚴重的性騷擾。小魚這一輩子都在忍耐身體的不便，他已看開不求跟一般人外表一樣，然而集體的性騷擾，遠比身體的發育不全，更加變態、卑鄙惡劣。不尊重他人隱私，是未來犯下性侵罪行的前兆，是不可姑息寬恕、輕易放縱的。

　　小魚的媽媽站出來了，她在學務處的調解會上，當著

校長、主任、老師們和這群學生及他們家長的面，斬釘截鐵的清楚告知：「我們願意給這群孩子一次機會之前，但也要看這群孩子願意給小魚機會嗎？這樣無窮無盡的騷擾下去，要忍受到什麼時候？對不起這三個字，不是只有從嘴巴說而已，沒有真心悔改，如何要求別人一再地原諒？就依據《性別平等教育法》的『校園性侵害性騷擾或性霸凌防治準則』該怎麼辦就怎麼辦吧！」

　　霸凌者若沒有經過校規與相關法律或規範定調之前，就要輔導人員先來輔導加害者，其實輔導的空間是很有限的。兒童與青少年在其心理發展階段，需要明確的行為因果連結，來了解自己的行為會造成哪些後果，自己後來還得付出什麼代價。

　　雖不是冤冤相報，但跟受害者所受的傷害，起碼也要有對等關係，才能學習對自己的行為負責。霸凌者的家長、家人，只知事後幫他善後，幫他快速的搓湯圓和解，將會一再面臨收拾不完的爛攤子。同樣的，對加害者若光靠懲罰與隔離，不知道被害者因此所受到的苦難與折磨，加害者也很難連結到受害者而感同身受。在正常的情形下，人類如果對他人的痛有所感覺，比較有機會打從心裡

真正感到抱歉，進而改正不當的行為。

有人藉司法「修復式正義」的概念，提出修復式策略，強調「修復關係」以及「建立良好校園人際關係」的全校參與模式，是減少校園霸凌及改善校園氛圍效果的最佳策略。「修復關係」意圖促成加害人與被害人兩者間的對話，但絕不是強迫受害者要「原諒」對方，也非要加害人用「對不起」一筆帶過。這個過程需要時間，受害者唯有得到加害者正面的回應，才能從加害者真正的反省中修復傷痛，光對加害者處以罪責刑罰，並非修復受害者生理或心理傷痛的最好方式。

另外，多數人參與的性霸凌，多有一種「不只是我」的沖淡效應。依據「校園性侵害性騷擾或性霸凌防治準則」：被通報的事件必須依規定建檔，對事件中的每個加害人，要明確一一記載，而事件管轄學校或機關就追蹤輔導後，評估加害者無再犯的顧慮，得於前項通報內容註記加害人的改過現況。

明白說清楚的意思是：一旦確認犯下性霸凌的事件後，將有專人監控回報，也會追蹤與記錄加害者之後改善的情形。因此，事發當時跟著瞎起鬨的同學，是否該想一

想，自己要當性霸凌加害者的角色嗎？

　　罪孽不只是動手者和跟蹤者而已，在校園現場看到受害者受虐情形，卻悶不吭聲，無疑也是間接助長了苦難的人。至於學校的主管們面對這類事件，更不應該以「學生出包有礙校譽」來粉飾太平，反而應該盡力並盡早的把性騷擾的帶頭者，積極送辦與輔導，這樣才能免除傷害事件的越演越烈，才不會讓更多學生白白受害。

　　小魚案件的後續處理：學務處將這群參與和跟蹤偷拍的每個學生，一一送交學校的兩性平等教育委員會，決議每個人在一學期內，要上完「兩性平等教育輔導課程」8個小時，外加除了坐在教室上課的場合，不得接近小魚20公尺之內。小魚上廁所的時間，這群同學不得進入廁所，若有違反上述規定，就將資料函送少年法院處置。

　　有關『校園性騷擾或性侵害問題 Q&A』，有需要讀者請向「性別平等委員會」索取，電話：02-3366-9607，電子服務信箱：gender@ntu.edu.tw

第二章

加害者不是一朝養成的

爲什麼每次都是你 / 資優之罪

　　林鴻圖是導師眼中的紅人，每次比賽都有好成績。從小學一路過關斬將，多才多藝，包括朗讀、作文、科展等各種比賽。

　　上了國中，請託擠進這個「資優班」，同學們其實個個有來頭。醫生、教授、企業老闆、老師的小孩至少佔了一半。林鴻圖的家庭背景，跟他們比起來，真的沒什麼可以另眼相待的……

　　這學期，林鴻圖已經當了四次的比賽代表了，張東明的媽媽，不止一次暗示過班導師：「比賽代表要輪流，對孩子推甄時會比較有利。」

　　可是班導好像對林鴻圖特別青睞，認爲只要他出馬，拿獎是十拿九穩。全班個個都是資優生的集合，但是班導

越器重他，同學們對林鴻圖越不是滋味。以張東明為首的一群同學，早看林鴻圖不順眼，準備放學後給他一點教訓，順便讓老師知道一下，做人不必那麼偏心、大小眼。

幾個人在停放腳踏車的車棚將他圍起來，他還不知道是怎麼回事，個子最矮的阿生塞給林鴻圖一張紙，他還沒看完，阿生又很快地抽走，幾個不同筆跡、斗大的字：耍賤、賤啥、臭屁、欠扁……在字裡行間跳躍。

林鴻圖驚恐外夾雜著莫名其妙，他什麼時候得罪這些同學了？隔沒幾天，班導叫林鴻圖到辦公室，一開始林鴻圖還以為又要出任務參加什麼比賽，完全沒料到班導竟然是在質問：「為什麼對同學們態度傲慢？不單是同學反映，連家長都來關切，成績好就可以譏諷同學們念不好書，毒舌同學們是腦殘、程度差、考試爛？」

班導要林鴻圖在班會上道個歉：「大家都是好同學，以後講話要先經過大腦想一想。」林鴻圖覺得很委屈，前天發完考卷那節下課時，大家在問考幾分，就像往常一樣，鬧來鬧去、虧來虧去，為什麼要他一個人道歉？

就像分組作業，明明是同組的同學不肯認真做，要求他們完成各自負責的部分有什麼不對？林鴻圖心裡好嘔，

班導每次都說:「小組長要負責督促作業進度。」那小組同學那麼散漫,總不能放任不管?像之前的全國燈籠大賽,自己掏腰包買材料不說,同組同學落跑沒人要分工做,最後還不是獨自一人日夜趕工,才能在截止日前完成交件。

再說三不五時,有人傳紙條給林鴻圖,說有學長要找他「談事情」,林鴻圖哪敢一人赴約啊?又被輾轉傳成「屌喔?」、「目中無人嘛!」、「連學長也沒看在眼裡。」

學期還沒結束,班上流傳了很多閒言閒語,「西瓜偎大邊」效益下,輿論一面倒向大多數同學那邊,班上同學看到林鴻圖走過來,把他當空氣一般,就算林鴻圖主動打招呼、問話,同學也不正眼看他或回他話。這群同學把他當隱形人對待,讓林鴻圖壓力倍增、不知所措。

林鴻圖外表矜持,在學校很能忍耐,裝作若無其事的樣子,但一回到家便亂發脾氣,吃東西沒胃口、晚上常失眠,原本不錯的身體,變得經常感冒、頭痛、肚子痛,病痛不斷。

期中考後,林鴻圖成績整個下滑,除了各科老師指責外,同學毫不留情的嘲笑:

「你也有考試這麼爛的時候啊？」

「你該不會想偷改分數，省得回家挨揍吧？」

「鐵定你爸你媽，看到這種成績，會吐血氣到死。」

　這學期開學至今，林鴻圖暴瘦 4 公斤，臉色慘白，在媽媽婉言追問下，才知道事情鬧得這麼大。心疼自己孩子的遭遇，媽媽想去學校跟老師、同學談一談，卻被林鴻圖阻止：「如果妳去學校告訴老師或找同學談，我只會被排擠得更厲害。」

　資優班的孩子怎麼會這麼恐怖？媽媽回想自己當年從小學一路念到研究所，傲人的成績就是最好的護身符，家裡長輩疼、學校老師誇、連同學都要對她客氣三分，怎麼才幾十年，資優卻成了一種原罪的負擔？媽媽好憂愁，接下來的求學路，孩子還要繼續拚當佼佼者嗎？

怎麼辦呢？

資優班中競爭激烈，以前都是各校前幾名的學生，來到這個班級，開始接受到「人外有人、天外有天」的殘酷現實競爭。

家長、老師與學校，在孩子心性養成的過程中，扮演著重要的角色；過度重視外在成績或名次的表現等，強化的是孩子對分數成敗的在乎，而不是努力的過程。

當名次、分數不如預期，衍生出自我的挫敗感、嫉妒與失落，讓小團體凝聚出打擊假想敵的集體意識，霸凌的手段從而產生，資優生的行為不會因為成績好就比較高尚。

林鴻圖在資優班裡遭遇到的霸凌行為，包括侮辱的文字與信件、刻意對立、冷嘲熱諷，尖酸刻薄詆毀他的言論；以誣衊來醜化他的優異表現，破壞他的形象；甚至操弄人際關係，威脅或利誘其他同學，強迫他們選邊站，形

成惡勢力氛圍，造成逼迫班導和林鴻圖的壓力。

　　天資聰穎或表現優異的孩子，長期成為大人及團體注目的焦點，若只注重出人頭地，必定伴隨著壓力。在意的面向可能從原本的分數結果，衍展成對其他微小的地方也非常在意，錙銖必較，動輒得咎。

　　當表現不如預期時，當事人易形成與世俗或他人格格不入的狀態，或是自我形象的打擊與幻滅，出現適應不良的自責、退縮、自卑…. 終而無所適從，甚至將負面想法轉嫁或推賴到假想敵身上。

　　老師在經營資優的特殊班級時，面臨學校期望、家長高度關切過度呵護時，不自覺地限制了學生正常的情感心理需求、抒發與滿足。老師們應該讓孩子的智能、才藝、情緒與人際關係均衡的發展，讓學生多體察自己與他人的感受，而非以過度的「另眼相看」、指派特定人選出賽，忽略給其他同學的表現機會。

　　對於造謠、詆毀名譽、撂人來喬事情等情節嚴重的霸凌，不可因加害者是成績出色、還是他家庭的背景不同凡響，就忽略霸凌行為的嚴重後果。小時不處理，等這些聰明有能力、卻沒道德觀念的人，長大進入社會，將會是敗

壞社會倫理規範的元兇或幫兇，智慧型犯案的罪行震撼與殺傷力，更不可小覷！

靠山 / 大仔身邊的小弟

本以為加入現在這個組織，再也不會被排擠，但林國泰沒想到，這個組織要付出的代價是——永遠回不去那個單純乾淨的林國泰了……

林國泰長得白皙瘦弱，生來就是手無縛雞之力的書生模樣。上高中後，一心一意要擺脫以前看來懦弱、老被調侃捉弄的宿命，他加入以高二「宋大仔」為首的幫派組織。「宋大仔」的勢力龐大，高一到高三都有他的黨羽，還有校外人士撐腰，據說，「宋大仔」的哥哥是竹聯幫的堂主。

林國泰加入「宋大仔」一夥後，刻意在每說一句話前，加上口頭禪：「幹！」、「你是咧靠北三小？」或是在結尾時，惡狠狠的補上「腦殘嗎？」、「看三小？」、「死白目！」、「是欠恁爸修理喔？」

收起從小養成的坐有坐相、站有站相,現在站時斜眼看人外,嘴上得叼支菸、要站三七步,有事沒事腳還得抖幾下,林國泰發覺如此一來,自己越來越「有扮」了,別人看他的眼神也不一樣了。難怪回屏東鄉下,阿嬤老叮嚀林國泰:「學好三年工,學壞三天去了了。」

跟著老大身旁的兄弟學虧人、唬人、恐嚇。有時講不輪轉,老大會又氣又好笑的一巴掌從頭呼下來,讓林國泰眼冒金星。林國泰忍著痛也不敢揉一揉,還偷偷安慰自己:「宋大仔要不是看我是可堪造就之材,他才懶得出手教訓,我才不要像新入會的小張,畏首畏尾、東怕西怕,被晾在一邊沒人理又沒搞頭。」

高一放寒假前,林國泰混得還滿開心的,在宋大仔跟前也繳出不錯的成績單:助陣喬事3攤,飆車6次,打群架4次,嗆教官1次,恐嚇同學5次,記大過1次,小過3次。現在同學看他的眼神,都跟以前不一樣了;林國泰真爽自己開始走路「有風」了。

記得上小四後,班上同學聯合起來排擠他、玩遊戲嫌他又笨又弱只會輸,不准他一起活動,還取綽號叫他「小娘們」,害他無地自容。來到了小六更被變本加厲地捉

弄，天天哭鬧著不肯去上學，媽媽到學校請老師排解也沒用，次數多了，老師反而要媽媽換個角度教孩子當個男子漢，逼得父母不得不幫他轉學。

換了新學校，半大不小的小六生，有人恃強欺生，林國泰也走不進班上同學各自的小圈圈。糟糕的是一個新同學的媽媽，打聽到林國泰轉學的背景，知道他在前一個學校的風評，廣為散播給其他家長後，班上同學更與他保持距離，即便林國泰主動示好，同學多拿他當空氣。

上國中了，林國泰又跟原本的小學同學同校，叛逆期的孩子小衝突一再發生，林國泰氣不過也會反擊，但鬧到老師那裡，總是被同學一面倒的投訴；搞得媽媽經常得到校去聽訓。林國泰對老師的處理不公、學務處的不分青紅皂白超不滿，不管是吵架、打架，本來就是雙方都有錯，為什麼處罰他總比其他人多或比其他人重？想找「靠山」的念頭，在林國泰心裡萌芽。

進高中後，有靠山果然有差，跟著宋大仔結交的是地方上有頭有臉的角頭人物，原來的國中國小同學，就算街頭巷尾碰到他，一看就先閃人，沒人敢再來招惹他。林國泰爽到飄飄然，他深信這幫義氣相挺的兄弟，現在他挺他

們，將來自己有難，這幫兄弟也必然相挺。

　　高一暑假時，有天傍晚，宋大仔召一票兄弟到一處偏僻的老舊社區說話。

　　「暑假嘛，閒閒沒事幹，來幹一票大的，弄點錢來大家分著花花。」

　　原來宋大仔是要搶附近一家傳統的老「柑仔店」，因為顧店的是六七十歲的老阿嬤，連走路都步履蹣跚，看起來應該滿好下手搶劫的。

　　「如果速戰速決，那個老阿嬤嚇都嚇傻了，哪有辦法追我們啊？」宋大仔抽著菸掃視大家。

　　林國泰真被嚇到了，搶劫？從來想都沒想過的事，他覺得自己在大熱天冒冷汗，可是又不敢說：「不，我不要幹這一票！」先別說可能會被踢出組織，宋大仔當下就先一頓拳腳狠 K，用他來殺雞儆猴，想到宋大仔每次海 K 紅了眼，不只動手動腳，還會操傢伙捅兩下的。

　　要是得罪宋大仔，別說以後誰罩他？宋大仔這票人也不會輕饒過林國泰，但搶劫是犯法的，萬一被抓被關怎麼辦？林國泰連頭都不敢抬，第一次懊惱自己在幹什麼？

　　「林國泰，你未滿 18 歲，就算有什麼事，罪也是很

輕的啦，不用怕。」宋大仔用力拍拍林國泰的肩膀：「他
們兩個都已經過 19 歲了，不方便出面，這一攤他們負責
把風接應和規劃逃跑的路線。行搶的重責大任，就交給你
來執行，要好好表現，別讓我失望。」

看林國泰滿臉慌張，宋大仔拍著胸脯掛保證：「你出
任務，我親自騎機車接你罩你，這樣你放心了吧？」有宋
大仔御駕親征罩他，林國泰有些受寵若驚，馬上抬頭挺胸
立正行舉手禮：「遵命！」

快九點了，老社區天一黑幾乎少有人走動，宋大仔丟
了一罐啤酒給林國泰：「喝了再上。」

一口氣灌下啤酒，林國泰操起宋大仔帶來的球棒衝進
柑仔店，直衝收銀機，揮著球棒逼老阿嬤打開，搜刮所有
紙鈔後，順手抓了一大把五十元硬幣塞進褲口袋。衝出店
外，宋大仔卻是躲在巷口向他招手，林國泰沒命似的跑，
短短沒幾公尺，卻覺得怎麼跑這麼久？

四個人飆車到一家麵攤慶功，平分搶來的錢，宋大仔
拿整數，其餘三個人平分還分不到一千塊錢。

「練膽量還有錢拿，這款好事是跟我宋大仔，才有的
好康。」宋大仔大口大口喝著啤酒，邊吆喝大家一起乾。

回家躺在床上，林國泰眼皮直跳，一顆心簡直要從嘴巴蹦出來。媽媽先睡了，爸爸有應酬不在，半夜一點多，門鈴叮咚個不停，林國泰一開門，里長背後站著警察，警察背後，還有兩個警察夾著宋大仔……

怎麼辦呢？

　　國小國中的孩子，自我信心的建立有一部分來自同儕的接納。當遭受排擠時，如同天塌下來一樣的黑暗，嚴重時會產生憂鬱、拒學的現象。

　　大人所說的：「他們不理你，你也不要理他們。」無法幫上忙排解些什麼，因為此時孩子內心的自我強度還不夠堅強，排擠使他們產生重大的自我懷疑。孩子需要的協助，是建立社交能力，將對特定人物的依賴，慢慢移轉到健康正確的事物上。

　　當排擠成為集體行為，就牽涉到霸凌，雖然不是被揍那麼直接，但好比空氣中瀰漫著沉重的壓力，讓孩子喘不過氣來。不友善或充滿挑釁的批評不斷逼近，會讓受害孩子很難面對下去。

　　更多還沒被當成好欺負目標的同學，可能怕被排擠，會選擇靠攏強勢主導的同學來避免受害。這也是當霸凌發

生時，發現加害者與受害者，有時根本就是同一群廝混的朋友。

　　林國泰家境不錯，父母都有工作，也很在乎他，只是父母各自忙於工作，親情疏離，使他更依賴同儕團體的感情；誤以為被強勢團體接納，可以藉保護傘勢力，免除被排擠的命運。但盲目的依賴需求，與無法拒絕組織「大仔」的命令，卻成為比被排擠更恐怖的後果。

　　少年法庭雖然會給少年犯罪者自新的機會，但不表示可以輕鬆逍遙法外。林國泰在少年法庭審理的結果，可能面臨的是 5 年有期徒刑，若是緩刑，每 3 週要去法院報到一次，經常性接受毒品的篩檢，一旦未到或檢驗出毒品反應時，將要面臨追討前刑期，並不會因尚未年滿 18 歲，而想當然耳的可以免除刑責。

　　林國泰的問題是，當他第一次犯下錯誤後，家人跟林國泰接受法律制裁的心態是什麼？自我反省的坦然面對？還是以另一種「千錯萬錯都是別人害我」的怪罪與逃避？面對審判若真能從此懸崖勒馬，還有浪子回頭金不換的時候；倘若執意鑽牛角尖，充滿怨懟、怪罪他人，只怕一個年輕的生命，就此報廢了。

我爽就好 / 網路嗆聲

別以為用匿名在網路囂張嗆聲，就不用負任何毀謗或威脅的責任。

　　小青與鬼媽是國中的死黨，兩人好的時候形影不離，一起去福利社，一起合吃一碗泡麵，一起上廁所……有男生想要追小青，得先過鬼媽這一關。鬼媽這女孩也不是長得多醜，只是太「恰」太兇悍，大家都說連鬼都會怕有她這種媽來管，所以背後偷偷叫她「鬼媽」。

　　小青長得很可愛，大眼睛、長睫毛，身材修長；鬼媽則是一副大姐頭的德性，大嗓門又粗線條，罵起人來毫不留情面，連人家祖宗十八代都代代問候。

　　之前有個國三的帥氣男孩，在殷勤追小青，後來卻被鬼媽逮到他劈腿，同時跟別校的女生要好。於是鬼媽匿名

或換不同暱稱，上那男孩的部落格、臉書、噗浪，直接了當的 PO 文飆髒話痛罵，幫小青出口惡氣。

慢慢有爆料傳開，說是鬼媽自己也暗戀那個男孩，不然怎麼會那麼注意他的一舉一動？若不是有心跟蹤過，又怎麼會發現他還跟什麼其他的女生交往？鬼媽也不照照鏡子，看看自己那副德性也配喜歡帥氣男孩？

鬼媽氣炸了，在網路上炮火四射，跟大家你來我往罵得口不擇言，甚至一一追蹤出「可疑」喜歡這男孩的女生，或這男孩喜歡的女生，鬼媽不但造訪，還不忘留言嗆聲：

媽的婊子、路上走別落單，給我小心點！

賤貨、倒追！

死破麻、欠人幹！

不知情的人，看到這麼多鄙視女性的文字，會以為留言者是個粗暴的男人，怎相信這是出自國一的小女生？

有同學私下跟小青說：「鬼媽這樣幫妳到處放火嗆聲，搞不好別人以為妳跟她一樣，粗魯又兇悍。」

小青卻不覺得很難堪，反而挺佩服鬼媽，有江湖上路見不平拔刀相助的氣魄，因此對鬼媽更言聽計從。

越來越多受害學生家長，列印下這許多不堪入目的謾

罵與人身威脅的言詞，到學校要校長、學務處處理。班導師被這兩個學生弄得焦頭爛額。而鬼媽為了彰揚小青的魅力無窮，竟然把小青的濃妝清涼照和網址到處亂貼，每天收到大量的回訪，儘管不乏輕薄或猥褻的挑逗，竟然都讓兩個小女生沾沾自喜、樂不可支。

班導師好言好語規勸不了小青，至於鬼媽，拍著桌子跟老師對嗆：「要不是小青還想混張國中畢業證書，學校這種鬼地方，用轎子抬我來出巡，恁祖媽也不要來。」

班導師多次請小青媽媽來學校，她都推三阻四，對於老師提到小青和鬼媽在網路上偏差的言行，小青媽媽輕描淡寫不以為意：「小孩鬧好玩，不要當真。誰沒年輕過？一家有女能百家求，也要有點姿色本事吧？」

在老師旁敲側擊追問下，小青媽媽說得倒也乾脆：「我 18 歲時和小青爸同居生下她，反正又沒結婚，小青還沒一歲我就跟她爸ㄅㄟˋ了，小青從小大部分時間是跟外公外婆住，我每個月也都有寄錢養她，至於小青想什麼、做什麼，我只能睜隻眼閉隻眼。反正孩子會長大，一枝草一點露，不用太管、太擔心啦！」

至於鬼媽，導師真不知從何幫起，鬼媽家有自己的陣

頭，雖然是獨生女，媽媽早逝，從小常和跳八家將的兄弟
混在一起，抽菸喝酒嚼檳榔鬼媽都會，一堆男性成人的不
雅用語，長年耳濡目染下，在她講起來順口得很，而鬼媽
的爸爸也從不認為有什麼不妥：「查某囡仔，就是要恰，
伊從小我就教她，要恰北北才不會被人欺負……」

怎麼辦呢？

　　大家不難發現，滿口髒話的國中生，通常對讀書沒有興趣，不僅是功課沒在理，多半存在著學習障礙，但仗著強勢與口無遮攔的敢罵敢譙，即便只是一大串不堪入耳的髒話排列組合，反倒是聲勢奪人，跟班不少。

　　髒話若是嘴裡講出來，幾秒後就消失了，但是網路留言後，只要版主不刪，弄不好會一直被轉載傳閱，殺傷力的延伸不是只有一點點。

　　英國基爾大學曾經有研究報告指出：咒罵髒話發洩，會產生比不罵的止痛效果約多 4 倍，當咒罵機制啟動，心跳加快，啟動大腦左側的情緒區域，侵略性言詞也越來越強。這就使我們不難了解到，面臨生氣憤怒時，為什麼較不會使用文明的語言表達，髒話罵起來簡短有力，雖然難聽又沒禮貌，卻能為當事人帶來止痛的效果。

　　年輕的孩子們，能有什麼深仇大恨？需要這樣激烈暴

力的語言來宣洩？除了缺乏愛與安全感之外，我想不到別的。

　　若不甘名譽受損，可以提起告訴。刑法對於公然侮辱人者，處拘役或三百元以下罰金。意圖散布於眾，而指摘或傳述足以毀損他人名譽之事者，為誹謗罪，處一年以下有期徒刑、拘役或五百元以下罰金。

　　問題是國中生分不清楚他的平常用語，已經來到觸犯刑法公然侮辱的程度。只是面對未成年，告他好？還是教化他好？告他只是一個手段，目的應在於耐心與愛心的教化付出吧！

第三章

暴力的循環

毛手毛腳 / 性騷擾

阿公擔心得天天送芸芸到學校的對面，一定看著她安全進校門才安心；放學也一樣，時間一到，阿公就等在校門口的對面……

芸芸自幼乖巧內向，不喜歡熱鬧，除非有大人一起出門，不然大多時間都在自己家；同學來找她看電影或出去玩也是一樣，她都說不想去，阿公反而是叫她多出去走一走，不要老是待在家。

芸芸上小一的時候，帶她長大的阿嬤往生了，芸芸更沒伴，阿公好心疼。從小父母留在北部拚經濟，只有過年除夕回來住上個兩三天，平時偶爾回家，不是碰巧路過，要不就當天來回台北。芸芸對父母陌生不親，看到爸媽回來，打過招呼就跑進房間躲起來，即使爸媽帶了禮物來，

芸芸一樣說聲謝謝就躲回房間。

　　阿嬤在世常跟兒子媳婦說：「一趟路那麼遠，不用常回來，省點錢，早一點能在台北買房子，就早一點可以接芸芸回去，等住一起了，孩子自然就會和你們親了。」

　　芸芸上國中沒多久，阿公緊張的叫芸芸的父母趕快回來，把芸芸帶去台北念書，以免被壞男生欺負。阿公情急下又說不清楚到底是怎麼一回事？嚇得芸芸父母連夜趕回雲林。

　　阿公說：「聽隔壁跟芸芸念同一所國中，三年級的阿娟說，學校有一幫男生很壞，帶頭的那個還是個十七八歲的中輟生，國中時就不好好念書，他爸爸入獄，媽媽不知去向，這孩子不學好，都被退學了，還常跑到學校來亂，吸收其他不愛讀書的孩子加入他的幫派，順從的會賞色情漫畫或給 A 片看，如果有人不從或他們看誰不順眼，就會半路埋伏圍毆，痛打一頓兼敲詐勒索。」

　　「可是我們家芸芸是很乖的女生呀？」芸芸爸爸不知阿公在緊張什麼？

　　「是女生又乖才危險！」阿公比手劃腳：「他們連在學校走廊都敢對女生毛手毛腳，不是故意去撞女生胸部，

就是擦身而過時，伸手去撩人家裙子或摸屁股。阿娟說前兩天，他們看一個國一的女生，在走廊被嚇得滿臉通紅，覺得她特別漂亮，竟然在放學路上堵她，還好有老師路過發現，送那個女生回家，那個中輟生還指著老師鼻子罵：你給我記住！」

阿娟好意提醒阿公：「像你家芸芸長得漂亮又那麼內向，一看就好欺負，遲早會被他們給盯上。芸芸不像我是出了名的恰北北，她要是被欺負了也不敢吭聲的。」

聽阿娟一說，阿公擔心得天天接送芸芸到學校的對面，一定看著她安全進出校門才安心。芸芸怕被同學譏笑，已經上國中還要被當小學生接送，不要阿公這樣做。阿公很苦惱，想不出保護孫女的好辦法，只得叫兒子媳婦趕快回來，不要再把芸芸放在這裡上國中了。

芸芸轉學到了北部，新學校的氛圍完全不一樣，教材程度、同學談吐話題也都不一樣，以前走路上學就好，現在是搭公車還要轉捷運。班上同學的國語都好溜，芸芸一開口就被人笑。在原來的學校，大家都講台語，聽不懂台語的人才會被笑，到了北部，連說和聽都變了。班上有人故意模仿芸芸的口音，大家覺得很新鮮好玩，一下課芸芸

變成了同學的模仿大賽了。

「從外縣市來台北，有這麼好笑嗎？」回家後，芸芸在房間裡面生悶氣。芸芸本來就不愛講話，到新學校後，一開口就被笑，話更少了。有老師上課叫到芸芸時，芸芸起來回答後，聽到同學憋著偷偷竊笑，讓她之後就算被老師點到名也不出聲。

放學後，班導師約芸芸聊聊，問在班上有沒有交到好朋友？為什麼老師們點到她時，她都漲紅了臉不說話？芸芸低頭，小聲到不仔細聽都聽不清楚：「我不敢。」整個姿態緊張到僵硬。

「聽說妳體育課也沒在運動？」

芸芸沉默的點點頭。

「是對班上同學都還陌生嗎？」

芸芸眼淚掉了下來，對這位不熟的老師，雖然很溫柔和氣，她也不敢多說什麼。她想念阿公，想念雲林暖洋洋的太陽和萬里晴空；要不是那些可惡的色狼男生，她又何必到這跟她格格不入的台北來呢？

好幾天了，芸芸待在家不肯上學，她把自己關在房間裡，爸媽問她到底怎麼了？芸芸都不說話，爸媽說要到學

校去問老師，逼急了，芸芸只說了一句：「新舊學校都好危險，我再也不要去上學了。」

怎麼辦呢？

　　教導身體觸碰的界線，應從小就開始。早在 4-5 歲幼稚園學齡前兒童的階段，就要開始性教育，內容是教孩子有關身體隱私部位的保護。孩子知道保護身體的第一步，是當受到侵犯威脅時，要立刻告訴大人，而不是自己一個人默默的忍受孤獨和害怕。

　　色狼也是從小長大的，錯誤的言行不會因為年紀小，加害威力就小。特別是受害對象是青少年，他們心中的恐懼害怕與不知所措，是無法言喻的。家長若疏忽不察，對孩子成長過程的兩性關係，會很扭曲不正常的。

　　青少年不論是身體被不當的碰觸、或是言語輕佻、充滿性騷擾的挑逗，父母或為人師表者千萬不可以「那是小朋友在鬧著玩」輕鬆帶過。這個陰影沒被處理，受害者通常會帶到成年；不時回想起這個痛苦的記憶，感受到被凌辱、卻有說不出口的憤怒，不知該向誰申訴討公道，有些

會轉成莫名的自責、自怨自艾，甚至有自殘的行為發生。長期的隱忍、委屈、壓抑，將會妨害人際關係與日後兩性親密關係的發展。

　　剛開始犯案的加害者若被縱容，不及時處理，未來可能會變本加厲，加害更多人，成為全民的隱憂。加害者尚未成年，若是以此非禮行為，形成性快感的宣洩方式，成為性侵累犯的可能性會大大的提高，是所有人都不願見與擔待的共業。

　　自古以來，教育制度偏重智能考試類，忽略最貼身的性教育。根據 2010 年內政部統計資料，近 5 年來台灣遭性侵害的兒童少年人數達 1 萬 8570 人，平均每年有 3714 名兒少遭到性侵，其中 6-12 歲以下的受害總人數為 2711 人，未滿 6 歲的有一千多人，且未滿 6 歲的性侵被害人數，最近 5 年來有緩步增加趨勢。

　　護苗基金會在 101 年，訪問了 17 間中學 5055 位學生，有關高中生性知識問卷調查，發現當中有 418 人曾被非禮、被迫口交、肛交、性交，首次被侵犯的受害者平均年齡只有 9-11 歲。顯示兒童在缺乏保護自己及性相關的認識下，很容易成為受害者。這些數據令人驚心動魄，

在在告訴我們：兒少性侵害防治網絡，確需要再強化！

　　芸芸在原校目睹多位同學受到性騷擾，不敢聲張，離開去別校，以為沒事，卻又有其他適應的問題。就算壞事沒有發生在自己身上，什麼也不做，不敢發聲，選擇逃避，常常是成為受害者的條件之一。

　　所有個級校園中都設有性平委員會，當收到性騷擾性侵害等案件，一週內會啟動調查（註），不可能再任由性霸凌事件到處氾濫，為所欲為。芸芸原就讀的那所國中，學校在處罰那幾位做出不當行為的男生之後，要求家長與成為加害者的學生，接受兩性平等教育與性心理諮商。同時透過健康教育課，廣泛地讓學生學習性教育，以及對抗性騷擾與自我保護的演練。冀望讓這類事件不再重演。

（註）受害同學和家長，或許擔心會被「吃案」掉，但因有明文規定：學校或主管機關接獲申請「性騷擾／性侵事件調查或檢舉」時，應於 3 個工作日內，將該事件交由所設之性別平等教育委員會調查處理。於 20 日內，以書面通知申請人或檢舉人是否受理。不受理之書面通知應敘明理由，並告知申請人或檢舉人申復之期限及受理單位。

噤若寒蟬 / 家暴之殤

　　小慶跟媽媽剛搬來這個新社區，媽媽急著先找工作，家裡還缺很多東西，陳叔叔是媽媽小時候的鄰居，搬家過來後才發現彼此同住一個社區，因此常過來幫忙。

　　陳叔叔也是單親，他的兒子比小慶大四歲，就讀國中二年級。有時候媽媽假日去加班工作，陳哥哥會跑來找小慶一起玩電腦，可是陳哥哥很霸道，只要他一來，小慶只能乖乖的讓出電腦給他玩個痛快。

　　住小慶新家附近的表姊莎莎，念小六，周休假日有時也會來，三個人就在屋子裡說說笑笑。有一天陳哥哥沒搶著要電腦玩，小慶獨自電腦玩到一半，發現表姊和陳哥哥兩個人怎麼都不見了？好奇之下，小慶提早下線去找他們。客廳、廚房、前後陽台都沒人，最後到媽媽關起門的

房間前，隱約聽到有聲音傳來。

　　小慶偷偷貼近，悄悄推開一小道門縫，看到陳哥哥壓著莎莎，還邊摀住她的嘴，感覺莎莎好像在掙扎。小慶嚇壞了，趕快離開房門，躲進自己房間。陳哥哥在欺負莎莎嗎？他能怎麼辦？莎莎怎麼辦？

　　不知過了多久，莎莎哭著跑出去。小慶想去追，陳哥哥臉色一沉、狠狠拽住小慶：「今天的事，你敢說出去，你、就、完、了！」陳哥哥揮著拳頭：「我常來你家，不該說的話不要亂講，不然，有你好看！」

　　小慶還沒反應過來，到底發生什麼事？陳哥哥拿出瑞士刀、貼在小慶眼前晃來晃去。

　　陳哥哥彷彿沒發生過什麼事似的，照常跟著陳叔叔來家串門子，媽媽一樣親切的接待他們，小慶總關起自己房門，說好累要睡覺。

　　莎莎已經一個多月沒來小慶家了。陳哥哥背著小慶媽媽，老要小慶打電話找莎莎來家裡。小慶很害怕，不知道怎麼辦才好，有時電話沒人接或莎莎不在家，小慶都偷偷的鬆口氣。

　　晚上媽媽回家，眼睛哭得紅紅腫腫的，告訴小慶：

「莎莎不知道怎麼了，竟然從她家頂樓跳下去自殺，送到醫院，全身多處骨折、頭部受到重創，人一直在昏迷中，妳阿姨都哭到癱了。」

媽媽還說：「莎莎一個才小六大的女孩，長得漂漂亮亮的，功課也還好，會有什麼事情想不開？不能說？為什麼要跳樓自殺？怎麼可以這樣傷害自己呢？」媽媽邊說邊嘆氣，又掉下淚來。

小慶回到房間，難過得哭了出來，從小莎莎就對自己很好，心想這麼嚴重的事情，他也有責任，可是陳哥哥實在太兇惡了，那天如果他敢推門進去……如果不是害怕的躲回房間……也許莎莎就不會被欺負……

小慶越哭越傷心，媽媽進來安慰小慶：「明天你放學後，媽媽帶你去看莎莎好不好？」

小慶再也憋不下去了，抱著媽媽痛哭，把陳哥哥的惡形惡狀說出來。

「莎莎是你的親表姊，你怎麼幫著外人，還瞞這麼久？」媽媽氣壞了。

「他沒事就來家裡搶我電腦玩，妳又常不在家，我一直都在害怕他哪天不爽，也會殺我！」小慶大哭：「陳哥

哥像流氓一樣很兇，他說來我們家，如果我敢不給他開門，我們學校也有他的手下，會在學校給我好看。媽媽我嚇死了，我討厭他、恨死他，我希望永遠都不要再看到他！」

小慶媽媽摟著孩子，心都碎了。小慶的爸爸家暴成習慣，脾氣一來就拿小慶母子當沙包打，就算躲進房間鎖上門，他連門都可以一腳踹破，追進來打到他爽了累了才住手。好不容易找機會逃出那個家，誰知道怎麼莫名其妙又去招惹到這麼一個惡少？

「媽媽，我們搬家好嗎？」小慶問得好無助。小慶媽媽千頭萬緒，小慶爸爸的拳打腳踢、自己和小慶身上總青一塊紫一塊的來不及好、莎莎甜甜的笑容和她媽媽崩潰的嘶喊，交錯浮上心頭，她能怎麼辦？她該怎麼辦……

怎麼辦呢？

根據 2011 年兒福聯盟，針對兒童被霸凌的感覺進行調查結果發現：

- 近七成很傷心、難過。
- 一成四不想上學。
- 兩成五孩子覺得不如死了算了。

莎莎因害怕、說不出口，不知道怎麼辦，而隱忍被陳哥哥性侵的遭遇，把自己逼上絕路。沒在跳樓前舉發陳哥哥，白白受害，連醫藥費都沒得討，最受傷是心痛不已的家長。

目睹暴力，會使在場觀看的第三者感到焦慮害怕，雖然他沒被打，但影響比被打到還複雜嚴重。他因為恐懼而噤聲，不敢求救，消極無助，不知如何解決受害的問題。目擊者的沉默，反而成了「幫兇」，不敢指證的鴕鳥心態，良知不安的批叛，反而會糾纏目擊者，會讓目擊者自責、

恐懼蔓延纏身，而加害人得以繼續逍遙，繼續傷害其他人。這樣惡性恐怖的循環，始於沉默！

　　從小目睹暴力的小孩，因為容易把以前的經驗套用在現在，當時年齡小，不知求救，當現在被霸凌欺負時，好像回到過去那個年幼無力時，沒有閃躲的策略，往往也成為下個受害者。

　　小慶的媽媽勇於離開暴力的環境，固然可嘉，但未能正視家暴迫害對小慶造成的陰影，事後發現小慶不敢為表姊求助，實在是心中存有諸多顧忌，看到或遭受威脅時，只能無力的沉默應對。

　　性侵未滿 14 歲的未成年人，依刑法 227 條可依法處以 3 年 -10 年的有期徒刑。性侵未成年是公訴罪，無法和解撤告。就算陳哥哥也是未成年，他仍要接受少年法庭的審理，不是未成年就「無罪」！

　　未成年的性侵犯者，在求學期間，法官會派人在校監控，放假時，他們得到法院定期報到，一有異狀可能會被安置。未滿 18 歲的加害人，他的監護人因為沒把孩子教好管好，同樣負有社會責任，法院及社會局會對監護人裁定強制親職教育 8-50 小時不等。陳哥哥事發後被起訴，

面臨法官及觀護人的持續監控矯治，以免成年後成為再犯率高的性侵犯者。成為列管對象後的陳哥哥，當然不可能再享有一般人的自由自在了。

因想不開而絕望自殺，請多三思！

沉默與跳樓都不可取；跳樓自殺是最壞的解決方式。未成年的孩子遭受傷害，需家長悉心的察言觀色，要在單純的孩子身上找到蛛絲馬跡並不難，難的是父母當下的處理態度。請千萬不要因氣急敗壞，給了孩子二度傷害，除了你，孩子還能先去哪抓到求援的救生索？

若吞不下這委屈悲憤，何不把向內自傷自殘的力道，化成向外追討公道。切記做錯事的是加害者，該消滅的是不義的暴行，不應為此而自毀珍貴的生命。只要還活著，便能給自己機會，會看見浴火重生後的大不同。

自殺防治專線：

- 各縣市生命線當地直撥 1995
- 各縣市張老師當地直撥 1980
- 行政院衛生署安心專線：0800-788-995

給他死 / 隱形加害人

「他有恐嚇你們幫他寫功課嗎？」班導問。

阿嘉斜眼看著台下同學，站三七步的腳，還抖呀抖的。

教室一片沉默……

　　班上的同學都很怕阿嘉，他雖然個頭不高，但狠勁十足。旁邊還有好幾個跟班，他們一群人常在網咖混，佔據校園的廁所抽菸，對同學大小聲，若有人看他們不順眼，或膽敢跟老師告發檢舉，放學就別落單，否則就要小心點，被堵到會有一頓海扁。

　　阿嘉命令誰幫他抄寫功課，還沒聽說過誰膽敢說：「不！」通常只要幫他寫過功課的，好像等於繳了保護費，他就不會去找那個人的麻煩。阿嘉不時會叫同學「幫」他買飲料，不過飲料錢沒人敢找他要，如果他心情好，有時

候會給，但大部分阿嘉會說：「算你請客。」同學私下會說：「今天又被收了保護費。」沒人敢去說什麼，大家都怕自找麻煩，老師又不會天天放學都陪你回家。

國三開始，每個老師給的功課一大堆，作業之外，有寫不完的評量、測驗卷，一說起寫功課，大家都累到不行。這天阿嘉當眾抽籤，抽到 6 號要幫他寫今天所有的功課，沒想到 6 號不知哪來的勇氣：「我不要，自己功課寫都寫不完，你想都別想要我幫你寫功課。」班上同學嚇到不敢出聲，屏息看著阿嘉，沒想到阿嘉只惡狠狠的瞪 6 號一眼，轉身就走人。

「你吃錯藥嘍？寫就寫嘛！」

「你要不要趕快打電話，找家人來陪你回家啊？」

「你完了你！」

同學你一句我一句，6 號臉一陣慘白。

一天過去，兩天過去，6 號看來似乎滿好運的沒事。

第三天上體育課時，大家在練跳繩，老師有事說要先離開，阿嘉走到 6 號身後，突然把跳繩索套在 6 號的脖子上。同學嚇傻了，6 號掙扎著用力拉扯脖子上的跳繩，班長衝過來阻止阿嘉：「不要鬧了。」阿嘉瞄一眼班長，

放手走開。

　　可是沒三分鐘，阿嘉又繞回來用跳繩勒 6 號的脖子，但這次勒得比上次還要緊，6 號無法呼吸，臉色漲紅，阿嘉似乎想讓大家活生生目睹一場勒斃秀，竟然還有一個阿嘉的跟班大喊：「大仔，給他死！」直到有人大叫：「他不行了，快放手」，又看到好幾個同學分頭衝去找老師，阿嘉才不甘願的鬆手，還撂下狠話：「這就是教訓給你們看，不聽我話的下場！」

　　隔天，6 號家長帶著驗傷單來學校，校長和學務處才知道有這麼嚴重的事情發生，學校本想息事寧人，6 號家長堅決不妥協，否則訴諸媒體與法律，學校才嚴加懲處。班導師還怪同學：「怎麼沒人來告訴老師？」

　　誰敢告訴老師啊？老師都沒發現阿嘉這一兩年來，交出去的作業有問題，哪有人筆跡可以隨時變來變去的？跟不跟老師說有差嗎？就算老師唸阿嘉幾句，到時倒楣的還是班上的同學，在阿嘉的惡勢力之下，老師或校規，真能保護同學天天都平安嗎？

怎麼辦呢？

　　目睹旁觀者，在霸凌事件中的角色，不是真的靜默旁觀、不參與、不出聲就能自保的。目睹旁觀者有可能被暴力所驚嚇，遇事更萎縮怕事，另一可能，是成為加害者或幫兇，藉以自保不受加害凌虐。

　　這兩個結果，都是因為霸凌暴力，讓人體認到乖乖束手就擒、或是學著站到加害者身邊，才不會成為受害被欺負的目標，鮮少有勇氣站出來，拒絕不合理的對待或想辦法求救。

　　目睹旁觀者的無可奈何，常會助長暴力失控的氣氛。因為施暴者在被默許或鼓譟的氣氛下，會更衝動的盲目亂來，當下不會有足夠的理智思考：這樣下去對他人的傷害會有多大？後果有多嚴重！

　　6 號同學若因此而受害，家長可以依法提出刑法的傷害告訴及民事損害賠償的請求。就算阿嘉是未成年的加害

者，監護人也要為其負責，不能以孩子不懂事而閃避責任。

雖然目睹旁觀者沒有動手，無形中卻使動手的霸凌者氣燄高張，因而目睹者成為共犯的機率很大。也有些目睹旁觀者在霸凌中觀看到了整個過程，雖沒有出手，很可能在下一次霸凌事件中，成為被教訓的主角。因為他是看到不該看事件的「證人」，不先教個乖，怎麼保證日後不會被出賣？

兒盟調查有關霸凌行為的關係中，發現所佔比例最高的不是霸凌者也不是被霸凌者，而是「旁觀者」。孩子認為「班上同學看到有人被欺負，也不會阻止」；不願意告訴師長的原因，逾半數表示是：

- 怕同學報復。
- 覺得說了也沒用。
- 這沒什麼大不了，而且跟自己無關。

「什麼都不做」更助長了霸凌的嚴重性。殊不知，最多人數比例的目睹旁觀者，其實他們才是擁有改變現狀的力量。

這次事件，學校除了嚴懲阿嘉之外，那個出聲喊「給

他死」的同學也是幫兇，除了一起記過留校察看外，還要求他們一整個學期勞動服務，要定期跟學務處報到。

　　像出聲喊「給他死」的那個同學，看似只不過在旁加油的目睹者，但背後所隱藏的動機不容小覷，他目前是隱性的加害人，日後一旦攢足實力，可能就成為堂而皇之的加害者。隱性的加害人，他們會察言觀色，讓自己不必強出頭，卻又享受到攻擊弱者的快感。比起逞一時匹夫之勇的施暴者，直接出手，直接留下罪證，隱性的加害人，更狡猾奸詐多了。

第四章

面對家庭困境

打包剩菜 / 弱勢家庭

大宏第一次把營養午餐打包回家時，胖豪滿嘴嚼著食物，還不忘大聲嚷嚷：「剩菜你可以打包帶回去，肉都給我留下來！」

雖然老師有說過，吃不完的營養午餐，有需要的同學都可以帶走。但每次大宏去打包時，都感覺到背後有同學在指指點點……

小學五年級的大宏，父母離異，大宏跟爸爸住在一個便宜租來，準備拆遷的破舊眷舍，只有 12 坪大，起大風時，吱吱嘎嘎響，下雨會漏水，夏天很熱，冬天很冷。

吃飯、睡覺、寫功課、看別人汰舊不要了的電視，都擠在擱了張撿回來茶几的通鋪上，廚房、衛浴，根本談不上，衣服在通鋪牆角堆得好高，一年四季衣服混在一起，

換季找衣服，大宏小的時候覺得像在「大摸彩」。

可是慢慢的，要洗的衣服越來越多，乾淨衣服越來越少，大宏洗完澡想換衣褲，都得委屈鼻子先聞一聞。小件的大宏可以搓洗乾淨，大件的只能用腳在盆子裡踩一踩就晾起來，大宏好懷念媽媽在的時候，衣服都有太陽公公的味道，香香的清爽。

爸爸有時半夜喝酒回來，滿身酒氣，澡也懶得洗，就倒下來呼呼大睡，刺鼻的體味混雜著菸酒檳榔味，瀰漫在通風不良、長年沒好好打掃過的屋裡，大宏常被臭到醒過來，連隔天上學，都被同學嫌：「你走開啦，你好臭！」

有時半夜爸爸發酒瘋，破口大罵沒良心的媽媽，拋家棄子，跟別人去快活，詛咒的話一句比一句惡毒。以前，大宏若聽不下去，開口勸爸爸別再罵媽媽了，爸爸不但變本加厲沒完沒了，連大宏也少不了一頓揍。

小一的時候，媽媽離家出走，爸爸打零工，有錢就喝得醉醺醺的，恍惚中忘了身邊還有個小孩跟著，需要他教養。爸爸比較清醒的時候，會狐疑的看著兒子：「你也算是天公仔囝，我也沒怎麼養你，你也會自己長高長大。」

每回大宏清理爸爸的嘔吐物，常噁心到第二天中午仍

然沒胃口，到了晚上十一、十二點肚子餓到直不起身，灌水喝也沒用。爸爸總還沒回家，大宏又氣又後悔，所以老師一說吃剩的營養午餐可以打包，大宏就將剩飯剩菜全部都打包回家：「這樣爸要是回來也有飯菜可以吃，可以少喝點酒了。」終究是父子，大宏總惦記著爸爸沒飯吃也會餓肚子。

媽媽走後，爸爸從來沒有好好簽過聯絡簿，問過兒子的成績，更別提出席家長會，碰到不知情的老師，偶會流露出對大宏的厭煩，讓小朋友有樣學樣，嘲笑、捉弄、惡作劇，讓大宏越來越自卑、越退縮，讓喜歡欺凌逞強的同學，越喜歡找大宏麻煩。

期中考後，胖豪不知是哪根筋不對，每當大宏打包剩飯剩菜時，胖豪老實不客氣的扠腰站在一旁監督：

「今天這菜難吃，你全包回去。」

「喂，這菜還有肉，只准包菜不准碰肉，肉都給我留下來。」

「靠，連被撈到沒什麼料的湯，嘖嘖嘖，你也要打包回去喔？」

胖豪的大呼小叫，總吸引一些同學圍觀，圍越多人胖

豪越得意忘形：「喂，你家幾個人啊？包這麼多，餵豬啊！」

一旁的同學哄堂大笑。

大宏好想有個洞，把自己藏起來。

一天，胖豪換了個花樣：

「喂，聽不懂人話？東西都被你包走了，那他吃什麼？」

大宏回頭東看西看，明明同學都已經吃完了，阿姨就要來收餐盤，是誰沒有吃？

常跟在胖豪身邊轉的阿育，用力撞開大宏，拿走大宏打包好的飯菜：「你沒聽到嗎，我還要吃。」

阿育扯開塑膠袋，吆喝著胖豪的跟班們過來，你一口我一口誇張的分食，大宏巴不得有個洞可以鑽進去，下午老師上課在教什麼，大宏全沒聽進去，他好想念有媽媽煮飯做菜的時候。

隔天大宏打包時，小心的先問一聲：「請問大家都吃完了嗎？」看沒人有回應，大宏才開始打包。可是一打包完後，阿育又竄過來：「包這麼多啊？」

「今天星期五了……」大宏才想解釋都包回家，周休

二日才不會餓肚子——

「嘖嘖嘖，阿育，看在他要連吃兩天ㄊㄨㄣ的份上，施捨給他算了。」胖豪一把推開阿育，卻怪腔怪調的唱起：「有量啊，頭家啊，來疼痛，疼痛著阮啊，歹命的人喔，好心啊，阿嬸啊，來助贊，助贊著阮啊，昧討賺的人喔……」

全班哄堂大笑，大宏的頭低得不能再低，渾身發燙，眼角餘光瞄到阿育在自己身邊，屈手跛腳裝殘廢的打轉，一圈一圈又一圈。

放學才一彎進 28 巷，聽到胖豪跟他一群跟班的聲音，大宏想繞道走時已經來不及了，胖豪一群人圍上來：「站住！」

大宏直覺慘了，推開其中最瘦小的，拔腿就跑，打包的飯掉了、菜掉了，大宏好捨不得，才在想還是停下來撿吧，馬上被胖豪一夥圍上來。

胖豪搶過大宏的書包，阿育趕快把撿回來的打包飯菜遞過來，胖毫使勁用力的把打包的飯菜和湯，塞進大宏書包，聽到塑膠袋爆破的聲音，看到飯菜湯汁糊滿大宏的書包，大宏無助的蹲了下來，抱著頭痛哭，不想看、也不想

聽胖豪一夥在叫囂什麼。

　　晚上爸爸喝醉酒回來，還是滿嘴幹譙、從政府罵到離家出走的老婆、從開除他的老闆罵到沒情沒義的同事、朋友，大宏費力搓洗著書包、用溼布擦課本、聯絡簿、文具，第一次，逃家的念頭，在大宏腦海裡翻騰……

怎麼辦呢？

　　為了不挨餓，打包營養午餐剩餘的飯菜回家，卻成為惡劣同學嘲諷、霸凌的對象。胖豪的欺負，顯示了人類弱肉強食，動物性殘酷的一面，顯示我們的教育，在狂追分拚升學外，錯失了什麼。

　　兒童是國家的根本，保護兒童安全人人有責。因為缺乏家庭的保護，高風險弱勢家庭已成兒童受虐、目睹暴力、自殺等的惡性循環受害群。失功能的家庭，讓孩子的成長歷經艱辛萬苦。若不是父親長年累月的喝酒，造成工作不穩定，身體健康一落千丈、職業功能下降，媽媽離家，家庭崩毀，大宏跟其他同學一樣，回家都可以吃到現成熱騰騰的飯菜。

　　還好只要大宏還有上學的一天，這個問題家庭就有機會被看見，進而被援助。各縣市社會局，已將酒癮家長列為高風險幫助的對象，學校老師一旦發現學生家長長期酗

酒，對孩子疏忽照顧，應協助通報，讓社工介入輔導。

　　社會局為高風險家庭，提供服務包括：保障兒童少年在家中的安全、提供就業與經濟改善上的協助、改善案主的基本生活品質、提升照顧者的親職功能、協助案家建立解決問題及應變危機能力。

　　大宏的爸爸，酒後自顧不暇，無法光靠意志力戒治酒癮，若經過專人輔導，包括先戒酒就醫，精神振作起來，也許可以進入職場，開始穩定的工作，才能徹底改變自己跟大宏的生活狀況。

　　兒童少年保護及高風險家庭通報方式，除了直接打電話到社會局通報外，還可以上網通報，通報項目包括：

- 家庭成員關係紊亂或家庭衝突：如家中成人時常劇烈爭吵、無婚姻關係帶年幼子女與人同居、頻換同居人，或同居人從事特種行業、藥酒癮、精神疾病、有犯罪（家暴）前科等。

- 家中兒童／少年之父母或主要照顧者，從事特種行業或罹患精神疾病、酒癮藥癮並未就醫或未持續就醫。

- 家中成員曾有自殺傾向或自殺紀錄者，使兒童少年

未獲適當照顧。

- 因貧困、單親、隔代教養或其他不利因素,使兒童少年未獲適當照顧。

- 非自願性失業或重複失業者:負擔家計者遭裁員、資遣、強迫退休等,使兒童少年未獲適當照顧。

- 負擔家計者死亡、出走、重病、入獄服刑等,使兒童少年未獲適當照顧。

以往社會中莫管他人瓦上霜的消極態度,會造成兒童無辜受害的高風險。依兒童及少年福利與權益保障法第54條規定:醫事人員、臨床心理人員、社會工作人員、教育人員、保育人員、警察及其他執行兒少保護及高風險家庭通報業務人員,若發現兒童少年有以上的狀況,都有責任通報,不能視而不見,否則還要負連帶責任。

大宏打包飯菜被惡意找碴的事,被老師知道後,立即找來胖豪一干人和他們的家長到學校來,嚴重並清楚的說明:「若是再欺負大宏,你們都會成為霸凌通報後,一併被處理的對象。」

我有名字 / 外籍配偶家庭

張意回到台灣就讀國小以來，這回已經是轉了第四所學校了。

在新學校新班上，老師在講台上介紹時說：「張意同學剛到新環境，請同學們多幫忙他適應，大家要和睦相處。張意的座位，就先安排坐班長旁邊，方便就近照顧。」

張意一坐下來，班長和前後左右的同學，一起皺眉面露難色，因為從張意身上，飄來了說不出的臭味。班長打量著張意，他的頭髮髒到打結，臉色蠟黃，小腿不知道被什麼咬得一包又一包，有的結疤、有的被抓得破皮流血，一身衣服髒兮兮，鞋子也在開口笑。

張意的爸爸，年齡看起來跟他阿公差不多，坐在輪椅

上，中風了好幾年了。媽媽是外籍新娘，父母兩人年齡相差二十歲。為了養家，張意媽媽從早做到晚，日夜操勞，受限文化差異與國籍，只能盡量打好幾份工，一老一小在家，老的小的都自顧不暇。

上學後，張意仍然是自由慣了，沒上過幼稚園，上課鐘響了好久，都不進教室，更別說寫功課。他的書包是空空的，有裝鉛筆盒，不過大家都懷疑他會寫字嗎？

每次一上課老師都說：「張意呢？班長幫忙去找找。」

結果幾次之後，連班長的媽媽都到校抗議，說老師不能這樣影響班長上課的權益。

不上課的張意在幹嘛？有次在沙坑找到張意，從頭到腳一身都是沙，玩得不亦樂乎，說什麼都不進教室上課。有次找到他，他踩進花圃挖蚯蚓、抓蚯蚓放在身上爬著玩，要不就在洗手台玩水，把自己搞得一身溼。

導師只好請張意媽媽到校來，說明上課時間孩子不進教室，獨自一人任性玩耍，會有安全上的疑慮。張意媽媽形容憔悴，一點都看不出她才三十多歲。聽完老師的抱怨，當眾打孩子向老師道歉，用帶著濃濃外國腔的國語，一直對老師彎腰鞠躬：「對不起啦對不起，他爸爸沒賺

錢，還一直要看醫生，我要做很多工，很累、很忙，孩子在學校，請老師多多幫忙。」

原來張意媽媽是外籍新娘，消息一傳開，班上同學用「怪不得喔」的眼光看張意——

「你猜張意媽能看懂電視嗎？」

「看他功課爛到家就知道了，他媽懂個屁呀！」

「看他媽媽穿衣服破破舊舊的，難怪都不會嫌張意臭到不行。」

既然張意媽媽沒辦法管孩子，老師只好輪流派同學去找張意回教室上課，同學倒是很合作，每次都有人把他找回來，只是口氣、姿勢都不怎麼優雅。女生一開口叫他「死豬」、「髒鬼」或是「聾子」，因為張意總聽不到上課鐘聲。男生會出教室先折根樹枝，像趕動物一樣，邊追趕邊打他。大家把「去把張意找回來」，當作好玩又有趣的遊戲。一個學期還沒結束，已經沒人記得張意的名字，大家都用戲謔的難聽綽號喊他。

「我有名字，我叫張意。」當綽號越叫越難聽，張意會氣得握緊拳頭，漲紅了臉，大聲的反駁。可是沒同學理，張意越氣，同學越開心捉弄。

　　因為張意幾乎是不換洗，有天打掃時，同學趁他擦窗戶玻璃站在玻璃與鐵窗中間，把玻璃窗反鎖起來，欣賞他在玻璃外害怕慌張的樣子。張意表情動作越驚恐，大家圍觀笑得越開心，張意拚命拍打玻璃窗要進來，大家只顧嬉鬧，沒有人伸手去開鎖。

　　「你在那裡就好啦，不然細菌會跑進來。」

　　「你一進來，我們都會被你傳染生病。」

　　「臭死啦，待在外面通風，進來我們會被你熏死。」

　　直到有人發現怎麼有個孩子被卡在三樓窗邊，老師才急忙趕來開鎖，讓張意進來。從此一到掃地時間，張意躲到讓同學找都找不到，讓大家氣得牙癢癢的。

　　這次同學在掃廁所，逮到機會，一群人把張意堵在廁所裡，輪流用水桶拿水潑他，叫他好好洗洗澡，張意全身溼透了，東躲西閃，一不小心狠狠滑倒，張意放聲大哭，同學一哄而散，這次，張意連回教室拿書包都沒，就直接跑出了學校……

怎麼辦呢？

對不同地域或社會背景的歧視，也是一種霸凌！

1990 年代後，仲介公司陸續引進外籍配偶，以新娘的「產地」作為招攬本地男性的招牌，將婚姻當成買賣的品項，推波助瀾之下，東南亞及大陸的女性，因婚姻移民台灣的人數倍增。

在台灣社經地位較低，不易娶到老婆的男性，卻能以金錢「買」進外籍配偶來台結婚、傳宗接代，但卻少有能建立起合宜的兩性相互尊重關係。這些外籍新娘生了孩子之後，很多教養問題一件件浮現，卻不是她們有限能力可以解決的。

社會民眾長期看待外籍配偶，難免帶有偏見，缺乏平等心與善意，甚至看不起她們，認為會被買，水平一定不高，她們生的新台灣之子，都是遲緩兒，事實當然不是這般。

　　從法律與社會制度面來看，對外籍配偶身分認定特別嚴苛，例如東南亞籍配偶大約 4 年，陸配至少要等 8 年才拿得到身分證。沒有身分證之下，只能從事勞力類型的工作，不論她原本的教育或專長是學什麼，都無法被雇用從事較好的工作，甚至淪落到打黑工，低工資外，無法享有常規的勞健保。這出自法律與社會制度面的限制，使她們難以儘速融入台灣社會，享有平等的社會福利與開放的就業機會，增進照顧家庭和孩子的能力。

　　很多來自東南亞、大陸籍的女性，嫁到台灣，幾年後，發現婚姻家庭生活一團亂，撐不下去的，留下孩子自己離開台灣，或是咬緊牙關，「為母則強」的努力撐下去，甚至一人工作賺錢養全家老老小小。

　　張意家境不好，無法受到完整的照顧，基本衛生沒人照料，生活異味來自沒有常洗澡沒勤換洗衣服，生活自理不佳，形成日積月累的異味；更遑論要勝任學校的學習進度，因而成為同學嘲笑欺負的把柄。像張意這樣轉學多校，連名字都不被記住，如同來去一陣雲煙，匆匆消失在班與班、校與校之間。

　　不要忘記台灣是已開發國家，學校、老師對這類難以

適應學校生活的同學，應通報社會局，讓社工前往訪視並予以協助，而不是因他媽媽的出身，延宕孩子應有的安全、福利與照護。

外籍人士與本國人民通婚，不在少數，根據台灣內政部最新統計，2011 年統計資料顯示：全國外籍配偶數為 45 萬，100 學年度外配子女就讀小學人數多達 15-16 萬人，佔總人數 10.9%。以 2010 年當年結婚人口的統計資料顯示，13-14 萬對新人中，有五萬八千對是外籍婚姻。

外籍新娘長期累積下來的社會文化問題，引起各界人士關注，近二十年來，在民間各地，以幫助家有外籍配偶為服務宗旨的社福機關紛紛成立，成為新住民的好朋友，給予外籍配偶離鄉背井的情緒支持與依靠。例如：

- 善牧基金會跨國婚姻服務中心

  電話：02-2381-5402

  傳真：02-2361-1371

  E-Mail：web@goodshepherd.org.tw
- 賽珍珠基金會

  電話：02-2504-8088

傳真：02-2504-4088

E-Mail：psbf.tt@msa.hinet.net

● 財團法人伊甸社會福利基金會的新移民家庭成長中心

電話：02-2578-4515

傳真：02-2578-4609

網址：http://www.wretch.cc/blog/eden177

● 南洋台灣姊妹會北部辦公室

電話：(02) 2921-0565

傳真：(02) 2921-7501

南洋台灣姊妹會南部辦公室

電話：(07) 683-0738 (07) 683-1430

傳真：(07) 683-0733

E-mail：skyskysunny@gmail.com（南北相同）

　　她們的努力，帶動了政府社政機關、教育局，編列與挹注在縣市學校的輔導新住民的經費，從外籍配偶生活輔導、語言學習、子女課後照顧輔導及文化適應等等，協助了不少外配家庭在台灣的生活。

　　外籍配偶的孩子，流的也是台灣人的血脈，不要對同是台灣人的後代，戴上分化歧視的政治有色眼鏡，恣意的

排擠不同出身背景的人。每個人的家境都不一樣，當大多
數同學受到溫暖的家庭照顧時，應珍惜自己所擁有的，卻
不該把別人的痛苦或不幸當成笑話。

　　請收起隨便貼別人身分標籤的尖酸刻薄言行！善待周
遭的新台灣之子，希望在台灣，有的是濃郁的人情味與愛
心代代相傳，而不是歧視與階級的分化。

那一年的元宵花燈 / 弱智家長

「妳媽頭殼阿達、阿達，還會討客兄，妳也是一樣的啦！」

　　小鳳一直不敢讓媽媽到學校，也怕被同學看到媽媽。

　　小鳳的爸爸，在她 5 歲那一年的元宵節，騎機車載小鳳和媽媽一起要去賞花燈，沒想到被酒駕逆向的小客車撞飛了出去。爸爸當場不治，媽媽昏迷不醒，在加護病房住了一個月，又轉普通病房三個多月。小鳳手腳的骨折傷勢雖然還好，但她一個小孩無法自理生活，只好由大伯先帶回家，讓阿嬤照顧，一邊等媽媽傷好出院。

　　小鳳爸爸是阿嬤最偏疼的寶貝老么，阿嬤完全沒辦法接受突如其來的車禍意外，惡狠狠的指天罵地，不僅對還在醫院的小鳳媽媽不聞不問，連對小鳳也時好時壞。阿嬤

的態度讓大伯一家慢慢的把小鳳視爲麻煩，連大伯的四個孩子也會有樣學樣的欺負小鳳。

親身經歷車禍發生、親眼目睹爸爸慘死、媽媽血流滿面昏迷不醒，小鳳當場嚇到哭不出聲，被送到醫院後，醫生護士問她痛不痛？還有哪不舒服？小鳳只會愣愣的坐著不哭也不鬧。

到了大伯家，阿嬤剛開始很心疼小鳳，慢慢的看到小鳳身上的傷，就想起慘死的兒子：「要是我當初堅決不讓他娶這個剪刀柄鐵掃帚的女人入門，阮囝哪會這少年就慘死路頭？」阿嬤遷怒小鳳媽媽、排斥小鳳，手腳骨折行動不便的小鳳，更沒人理睬照顧。

一年多後，酒駕肇禍的和解金兩百萬理賠談定了，阿嬤堅稱腦傷時好時壞的媽媽不會照顧小鳳，表示那筆錢她要出面領，小鳳就住大伯家，由阿嬤和大伯共同撫養。可是小鳳這段日子看盡大伯一家臉色，她說什麼都不肯再住大伯家，她要回自己家和媽媽住在一起，要上自己家附近的小學，那裡有她從小的玩伴。

阿嬤氣壞了，痛罵小鳳母女，詛咒她們沒有好下場；大伯冷冷的撂下話：「有種出這個門，就別想再回頭；以

後不管妳們發生什麼事，我們都不會出面。」

　　小鳳回家後，發現媽媽跟以前的媽媽不太一樣了：做事會忘東忘西，煮飯也沒以前好吃，表情變得比較呆滯，有時還好，發病患糊塗時，小鳳還需反過來照顧媽媽。隔壁鄰居阿姨帶小鳳去買菜，教小鳳洗米煮飯炒菜，沒辦法再正常上班工作的媽媽，只好去做資源回收。好在累了一天回家時，小鳳已經把飯菜都弄好了。

　　爸爸忌日還沒滿一年，資源回收場的一個叔叔，說小鳳母女相依為命很可憐，要住進家來照顧她們，媽媽沒說好也沒拒絕，那個叔叔就搬進了小鳳家；白天小鳳上學、媽媽去做資源回收，那個叔叔就在家「看家」。過沒多久，那個叔叔就把他的女朋友帶回來，還說這樣家裡熱鬧也比較有照應。

　　媽媽神智比較清楚的時候，有時三更半夜小鳳會聽到媽媽大罵叔叔，趕他和女朋友出門，三個人大吼大叫吵成一團，總是媽媽吵輸的時候多，媽媽只能跑到小鳳房間抱著女兒痛哭。次數多了，連左右鄰居都受不了找警察處理。

　　小鳳越來越孤單了，連出門走在路上，鄰居也從背後

指指點點，到當面虧她：

「長大別像妳阿母，要倒貼，也要稍揀一下。」

「妳阿嬤早就看出來，妳老爸的兩百萬交妳阿母，了然喔，伊飼客兄都來不及了，妳喔，歸氣緊去做工幫賺卡實在啦！」

「好佳哉，妳老爸當時買厝，厝契是妳阿嬤保管，要不然妳母女早就被客兄公踢出門當乞丐了。」

升上小三後，慢慢班上同學們知道小鳳家的情形，加上住附近同學的渲染，越來越沒人理小鳳。小鳳媽媽常到巷口一家麵攤去吃麵，有時記得要給錢，有時會忘記付錢就走人，麵攤老闆雖不計較，但次數一多，老闆娘會當街追著討錢，媽媽要是身上沒錢，老闆娘會叫跟小鳳同校的兒子阿永到學校跟小鳳要。

阿永每次會在下課時間，老師一出教室，當著全班同學的面，大聲說：「小鳳妳媽昨天又去我家白吃不給錢，妳媽有錢討客兄，怎麼可能沒錢吃麵？」

跟小鳳要不到錢，阿永一票男生，經常一再在回家的路上捉弄嘲笑小鳳：

「妳媽是白吃的大阿達、妳是欠錢不還的小阿達。」

「小鳳妳去阿永家洗碗還錢啦！」

「小鳳妳乾脆給阿永做某，妳媽再白吃，就不用算錢了啦！」

說這話的人又不是小鳳，但是阿永卻氣呼呼的朝小鳳衝撞過來：「我哪那麼ㄙㄨㄟ　ㄒㄧㄠˊ？」

摔在地上的小鳳好痛，腳破皮流血了，她緊緊咬住嘴唇不讓自己哭出來，她好後悔：如果，那一年，她不一直吵著爸爸帶她去看花燈，也許爸爸就不會出車禍、媽媽不會受傷變成現在這樣……其實媽媽不在家的時候，小鳳一點都不想回家。那個家，小鳳和媽媽被迫擠在一個房間裡住，那個家，成了那個叔叔和他女朋友的家，小鳳卻要負擔清潔打掃和煮飯……

怎麼辦呢？

　　車禍意外造成父親死亡，小鳳原本的幸福家庭從此變了樣，成為單親家庭更不是媽媽所願，車禍後頭腦受傷，情緒不穩定，即便是醫療也無法回復從前。

　　帶著大筆理賠金但缺乏自保能力的母女，反而容易成為覬覦的對象。不只小鳳需要生活的穩定與依靠，失去照顧功能的媽媽也是。

　　倖存的媽媽，車禍後有腦傷後遺症，此時以「照顧」之名接近，卻行剝削之實的資源回收場的叔叔，混進母女的生活中，無奈街坊鄰居對弱勢的母女持不友善態度，冷嘲熱諷，連帶小孩受到連累，成為被霸凌的對象。

　　發生意外，錯是出在肇事者闖禍，是他造成受害者的家破人亡。而一般人害怕從天而降、突如其來的意外，反而會歸咎遷怒於倖存者，作為個人抒發悲痛情緒的出口。這種型態的詛咒霸凌，還多出自於近親，對兒童的心靈創

傷，真是不可承受之重。言語霸凌者不但缺乏同情心、慈悲心，還因為他們的無知，讓無辜的小孩跟著遭受欺負，是很殘酷無情的一面。

小鳳親身經歷車禍發生，而且失去父親，悲傷還來不及宣洩，阿嬤的失控、大伯一家的現實，媽媽腦傷的時好時壞，強行進住家裡的外人，左鄰右舍的冷嘲熱諷，都讓小鳳更加自卑，當同學惡意霸凌時，毫無招架之力。

這個個案，在學校報請社工介入後，安排小鳳媽媽就醫，追蹤腦部功能的變化。若後遺症嚴重傷害認知功能，可以申請殘障手冊。領有殘障手冊後，在經濟、賦稅、就業都有資源協助，對生活多少有些幫助。

在警察出面趕走那個叔叔和他女朋友後，小鳳母女的生活慢慢恢復定位，媽媽神智似乎清醒的時候變多了。老師也告訴小鳳：「不可以為忍氣吞聲，就能杜絕惡意的謾罵；只要自己行得正，對質起來，是非一樣是自有公論的。」

我是路上撿來的／收養

我不是媽媽親生的？我的親生父母是誰？住哪裡？為什麼他們不要我？

　　琪琪跟媽媽自幼一起生活，從來沒有看過爸爸，家裡連一張爸爸的相片也沒有。琪琪對爸爸的印象，是來自媽媽說法：「妳爸早早就離開我們，不知去哪了。」

　　爸爸究竟是生？是死？琪琪一點也不好奇，只要媽媽在身邊就夠了。媽媽說：「要聽話、要好好讀書、要乖！」琪琪統統照辦，幫忙做家事、考試得高分、媽媽說向右轉，琪琪一定不會向左轉。在家只要看媽媽眼神不對、皺了眉頭，琪琪就會趕緊偷瞄媽媽的動靜，深怕疏忽了什麼，讓媽媽不開心。

　　琪琪上小三後，媽媽交了男朋友，好幾次半夜，琪琪

聽到媽媽跟叔叔吵架：「孩子是我的，不用你操心，我不會送她回去的。」叔叔生氣的吼：「結婚以後我們有我們的家庭，我不要有外人在其中。」

琪琪很怕媽媽結婚後，不會帶她一起去新家，但也不想看媽媽跟叔叔為自己吵架。叔叔每次來家裡，皮笑肉不笑的跟琪琪說：「嗨！」都讓琪琪感覺彆扭不舒服。

直到念小四，有一天琪琪實在憋不住了，鼓起勇氣問媽媽：「如果妳跟叔叔結婚，我怎麼辦？」

「不論媽媽將來有沒有結婚，媽媽都一定會帶琪琪在身邊。」琪琪好感動，把媽媽抱得緊緊的。

升上了小五，有天郵差送來了一封掛號信，琪琪看到媽媽拆信後的臉色很奇怪，等媽媽去洗澡時，偷偷打開來看，琪琪看到媽媽以「使公務人員登載不實」的「偽造文書罪」被傳喚調查。琪琪怕極了，不知道媽媽會不會被關起來？

媽媽怕琪琪胡思亂想，拿出家裡的戶口名簿，終於開口告訴琪琪：「妳是媽媽以單親的身分，收養的孩子。」媽媽解釋那時代收養最怕被外人知道，因此違法登載出生資料。抱回琪琪後，越久就越難開口。事隔多年，沒想到

當時的介紹人出包，案子已經查到這邊來了。

　　琪琪瞬間好茫然，好難過，一大堆問號排山倒海而來，媽媽為什麼要收養她？親生父母為什麼生她又不要她？難怪要和媽媽結婚的叔叔，不要她這來歷不明的拖油瓶，可是媽媽從小就很疼琪琪，自己怎麼可能不是媽媽親生的？看媽媽沉默不語一直在流淚，不想再多說些什麼，琪琪也不敢再追問。

　　那幾個月，琪琪被這事困擾很久，白天在校也眉頭深鎖。琪琪把心情寫在繳給老師的日記本中，老師的隻字片語會給她一些安穩的力量。

　　週五等著發回的一疊心情日記本，就放在老師桌上，吃完飯午休，被無聊的阿彥晃過去翻閱偷看到，有同學也好奇的跟著圍過去。

　　「咦？琪琪是收養的？」

　　「難怪琪琪沒有爸爸！」

　　「她媽媽偽造文書，接到法院傳票通知？」

　　幾個男生的談論，馬上吸引更多同學圍過去分享。

　　琪琪上完廁所一進教室，馬上有人大喊：「琪琪回來了。」還沒弄清楚發生什麼事情時，阿彥像發現天大秘密

般衝過來問：「妳原來是被收養的喔？」

　　琪琪一眼看見自己的日記本被攤開在老師桌上，旁邊還有些同學在看，又氣又急的大叫：「你們走開啦！」但已經來不及了。

　　琪琪讀國中了，每每想起國小被同學翻閱日記，發現自己的身世，還不時在背後指指點點，仍悲憤交加。氣那個該死一百遍的阿彥，更氣莫名其妙的同學，她是被收養的又怎樣？又不是功課爛沒教養的學生，幹嘛班上同學越來越疏遠她，甚至孤立她？

　　國一學生中，也有國小的同班同學分散在不同班，琪琪都刻意跟他們保持距離，若有人看琪琪眼光讓她覺得不舒服、覺得怪，就會聯想：「一定又是哪個該死的小學同班背後說我壞話。」

　　琪琪和同學間的相處變得尖銳，即使是老師的好意勸導，琪琪也高築防禦之心；琪琪成績一落千丈，她卻毫不在乎，班上同學開始不理琪琪了，沒人想被她說沒兩句話就尖酸刻薄的反嗆。

　　老師找媽媽到學校談話，媽媽很難過的告訴老師：「琪琪經過小五被偷看日記那件事後，整個人都變了個

樣，連對我都很保持距離，不再像以前那麼貼心。可是我對她的愛，從沒改變過⋯⋯」

琪琪事後知道媽媽被找去學校，心裡憤怒的吶喊著：「誰稀罕你們囉哩巴唆？管東管西？還想把我當無知小鬼頭騙嗎？我也不會永遠傻傻的被騙著玩。」

琪琪恨媽媽幹嘛收養她、恨生下她卻不要她的親生父母、恨自己沒根的身世、恨那些大驚小怪的同學，恨這一大堆欠教訓的腦殘。琪琪一心想甩開這群人，還要給他們點顏色瞧瞧，讓他們對自己另眼相待：「我可不是好欺負的！」琪琪決定要去向三年級的學姊「投誠」，看誰還敢來招惹有幫派當靠山的自己。

怎麼辦呢？

也許是現實生活中，被莫名遺棄的失望與挫折，琪琪想要反抗，逞凶鬥狠，換種暴力方式宣洩心中的憤怒，找到一個不一樣的定位，來認同自己。

媽媽的收養心意是偉大的，能有多少人願意無怨無悔的分享自己時間、精力與物質生活來給沒有血緣關係的小孩？而且視如己出。然而拖很久沒告知身世，會給予孩子太多負面想像的空間，特別是在邁入青春期，對自我概念、自我認同有諸多疑慮的發展時期。

琪琪小五時，心中充斥家中可能被迫分離拆散的擔憂疑慮，不論是跟媽媽分開，還是媽媽跟叔叔分開，都有段過渡期要適應經歷，此時偏又被無知同學公然揭開隱私，無形的殺傷力驚心動魄，讓小小年紀的琪琪措手不及，無法面對。

沒有爸爸，是無知的同學貼的標籤，每個人都是爸爸

媽媽所生,只是後來命運造化,不一定能夠繼續住在一起。單親、收養、繼親組合、隔代教養、沒與父母同住,但與親人同住等等不同組合,都是一種家庭型態,只要家人彼此珍愛,比什麼都重要。

會對他人的家庭組合變化,顯現出不禮貌的態度,是不懂尊重他人家庭生活方式的「無知者」;正因他們的無知,所以嘲笑譏諷別人。無知無禮的人在我們身邊比比皆是,他們以為「親生家庭組合」才是正常,其實這可能只佔全球人口數不到 1/3 的比例。已故的蘋果電腦執行長賈伯斯,便曾在史丹佛大學畢業典禮上,勉勵畢業生的演講中,公開自己是被收養的身世。

琪琪應該跟媽媽好好溝通自己心中的疑惑,不應被無知無禮的人氣到,就轉嫁到實質上真的有照顧她的養母身上。更不是自我放棄,選擇加入人人都厭惡的幫派中,來作為自我毀滅的宣示。

有關收出養的規定,近年內有重大的修訂:

民國 101 年 5 月 30 日起,新制規定,出養人及收養人,均應委託經中央主管機關許可的收出養媒合服務者辦理收出養。透過政府委託的社福機構,調查收養動機與媒

合，不能再私下收養。

　　每個準備收養孩子的父母，被安排上「身世告知」的核心課程，都要做好身世告知的準備，學習以自然溫暖的方式，講述孩子成為家庭中一份子的故事，將可以避免因家庭變動，或面臨終止收養，或棄養狀況的發生，以保障被收養兒童的權益。

第五章

讓霸凌無法存在

是他們自己要借我錢的
／勒索不還

「是他們自己要借我的，我又沒有拿刀逼他們。」

小霆多次將零用錢「借」給學長，交錢的時間在清早七點前，地點則是在校內偏僻角落的廁所，而且規定要單獨一人自己來。學長拿錢後，會再交代下次給錢的數目和日期，臨走還會拍拍小霆的臉：「乖，要聽話喔！」

新來的學務處主任，聽說很有擔當魄力，有家長就出面控訴孩子在學校被國三生強行恐嚇勒索，借錢不還。學務處主任明查暗訪後，找到了小霆。

「總共被『借』了多少？」學務處主任問。

「沒、沒有很多啦、就一點點啊！」小霆說得吞吞吐吐、害怕又猶豫。

「沒有很多到底是多少？」

「我想、我想，三次加起來，大概一千五百元吧！」

「學長還過你多少？」

小霆只知道，學長不會主動還錢，但自己也不敢主動去跟學長提起「還錢」的事情。他只清楚的知道，若不乖乖交錢給學長，恐怕有更多事情比沒借錢還麻煩。

聽學長「舉例」說，一年三班的阿強，就是嘴硬，不肯借錢，還頂了一句：「憑什麼？」隔沒幾天放學後，就被修理得很慘。還有二年五班文文的男友，他不是這所國中的，可是長得白白淨淨斯文樣，因為跟文文走在一起，也被盯上，要「借」錢給學長，理由是學長說：「我幫你罩文文ㄟ。」被強借多少？聽說「根據保護費行情」，好像先被借了七八百塊錢。

學務處主任追問：「若只是借錢，學長有說清楚什麼時候結清？」

小霆頭低到不能再低，小小聲的回答：「我不敢問。」

「學長有許你什麼好處？對你保證什麼嗎？」

小霆想了一會，搖搖頭，學長不找他麻煩就已經謝天謝地了，怎麼可能給什麼好處？

學務處主任請父母到校時，小霆媽媽恍然大悟：「我

每個月只給小霆五百塊錢零用，他怎麼可能兩個月內借學長一千五百塊？難怪我錢包最近常一百兩百的不翼而飛，原來是小霆偷拿的。」

「小霆不是唯一被強迫借錢給這個國三生的學生，受害人數不下幾十個學生，各個年級都有。因為害怕被修理，沒學生敢挺身檢舉，連跟父母都不敢說。」學務處主任說：「找家長來，一方面是請多關心、了解孩子外，也請放心，學校不會姑息養奸，我們一會處理的。」

就在學務處主任請少年隊警察協助後，在一位受害學生交付借款的同時，逮捕這個國三生，並帶回警局偵訊。釐清案情後，雖然學長承諾：「會盡快結清所有的借款。」仍然得面對少年法庭的保護管束裁決。

學務處主任事後在朝會上告訴全校同學：「面對勒索、借錢不還，如果你悶不吭聲，既不敢跟父母說或報告老師，甚至被迫去偷竊父母或別人的錢財，你不但被霸凌欺負，還姑息養奸當幫兇，而你自己一樣犯了刑法中的竊盜罪，這樣做值得嗎？對嗎？」

怎麼辦呢？

　　國中階段的男生，有些人會開始耍老大、成群結黨、混幫派等，而對其他人，尤其是比自己年幼或弱小的學生，進行恐嚇取財或威脅等行為。多數被欺負者，為避免說出來會引起更大的風波，而選擇息事寧人，或繼續在這種被脅迫的環境中煎熬著。

　　面對「被霸凌都不知道」的孩子，需要有人引導辨識情緒上的不舒服及心理壓力，並練習將遭遇告訴家長及老師，請大人協助處理。不作聲，反而會造成更嚴重的後果。

　　小霆只有單方面的被迫借錢，且從沒被還過錢，而交付錢財時間、地點還有限制規定，若有不借的話，還以下場悽慘的例子來暗示他。學長的行為，已經構成刑法的恐嚇取財。

　　刑法上常見的恐嚇罪有兩種：

一是刑法第 305 條「恐嚇危害安全罪」，規定是「以加害生命、身體、自由、名譽、財產之事，恐嚇他人致生危害於安全者，處 2 年以下有期徒刑、拘役或 300 元以下罰金。」

二是刑法第 346 條「恐嚇取財罪」，規定是「意圖為自己或第三人不法之所有，以恐嚇使人將本人或第三人之物交付者，處 6 月以上 5 年以下有期徒刑，得併科 1000 元以下罰金。」

被學長暗示若不配合，將來可能會有更大的危害，小霆因而心生恐懼而交付財物，此種行為雖未達「不能抗拒」的狀態，但如學長所狡辯的：「是他們自己要借我的，我又沒有拿刀逼他們。」已足使被害人心生畏懼，是構成刑法第 346 條「恐嚇取財罪」，學長即便是國三生，要面臨的是 6 個月以上 5 年以下之有期徒刑。法官裁量未成年，會先判保護管束，由專責的觀護人給予特別監督與輔導，若再犯，會考慮安排住進隔離的少年觀護所，或少年感化院強化輔導。

根據統計，曾是校園小霸王的男孩，通常到 24 歲為止，有 60% 的人，至少會有一次犯罪紀錄，遠比不會霸

凌其他小孩的 10% 犯罪紀錄高出許多。這也說明了校園
霸凌及早發現、立刻處理，是讓全民活在安全社區中的一
種保障。

家醜 / 支持照顧

　　恬恬（台語安靜的意思）是國一的女生，因為很少說話，大家叫她恬恬，也有人以為她是啞巴，跟她不熟的，背地裡叫她「A 告仔」（台語的啞巴）。

　　恬恬長長的直頭髮，幾乎把臉蓋住了，她好像很少洗頭，頭髮老是黏黏髒髒的披散著，有人背後偷叫她「貞子」，尤其她無聲無息的突然出現在別人身後時，常把同學嚇一大跳。

　　雖然恬恬很少發言，她可是有靠山的，是校外一個大姐頭旁邊的核心幫眾之一。如果叫恬恬「A 告仔」，被大姐頭知道，她會派人警告同學：「A 告仔是你叫的嗎？」這種情形慢慢傳開了，同學就知道「打狗也要看主人」。

　　恬恬是由未婚的姑姑帶大的，聽說她媽媽是自殺過世

的、爸爸入獄，出獄後吸毒過量掛掉的。也許是不光彩的家庭背景，她才變成整天都「惦惦」，不太說話也不太理人。惦惦上小六時，交了一群姑姑不喜歡的朋友，變成她倆常吵架的衝突原因。姑姑每次都翻舊帳，千篇一律唸惦惦爸爸如何不學好、亂交壞朋友又吸毒，媽媽如何懦弱、逃避現實去自殺、只會把為人母的責任丟給別人扛，要惦惦不要重蹈覆轍……

　　隨著年齡長大，惦惦從鄰居和親友的三姑六婆口中，拼湊出爸媽的「德性」：爸媽似乎只是同居沒結婚，沒印象的媽媽，17 歲生惦惦，是在小嬰兒都還沒滿周歲，爸爸判刑入獄時，說自己沒一技之長，日子太苦不想再熬下去，跳樓自殺的。小學前沒看過的父親，原來是關在仁德監獄；小五時父親好不容易假釋了，回來沒幾個月，吸毒吸到死。這些傳言，讓惦惦覺得很丟臉，心裡很氣窩囊的父母。

　　直到惦惦跟這群朋友混熟了，有人主動講出他家的誰從監獄放出來；誰的家在經營賭場、誰家是擺攤跑警察的；誰靠援交賺一身名牌吃香喝辣；或是誰在當「車手」；誰跟了哪個角頭……瞬間大家好像出身背景都差不多，好

有話說，不會一開口就矮人一截。

　　混得更熟後，大家開始比身上的傷疤，這是被砍的、這是被菸蒂燙的、這是飆車飆出來的骨折、這是情義相挺尋仇被殺的……恬恬突然覺得，自己身上沒有可炫耀的傷疤，真是遜到沒得混，於是開始用刀片、用菸頭，在身上、腿上、手腕上製造傷痕。

　　恬恬跟這群朋友瘋到三更半夜，當陣頭跳八家將的阿輝會騎車載她回姑姑家，只要被姑姑看見，當場就劈頭一頓臭罵。阿輝國中就輟學了，有廟會時就跳跳陣頭，沒廟會時會跟大貨車去做搬運工。阿輝雖然很窮，他爸愛賭，賭輸就跑路，阿輝賺的錢都要養從小帶他長大的阿公阿嬤，可是阿輝不止一次情真意切的摟著恬恬：「以後妳就跟著我，我要娶妳、會很愛很愛妳，一輩子疼惜妳，不讓妳再吃苦。」恬恬心裡很溫暖、很感動。

　　大姐頭男朋友的朋友，一個叫阿忠的，對恬恬有意思，常獻殷勤，買些小東西送恬恬，還不時要大姐頭作主，硬把他們湊作堆，大姐頭為了彰顯自己的權威「我說了算」，所以毫不考慮恬恬的心意，「命令」恬恬接受阿忠的約會，當阿忠發現恬恬心有所屬時，要大姐頭逼恬恬表

態，不准恬恬腳踏兩條船。

　　一天深夜，恬恬被大姐頭叫到公園去「坦白從寬」，阿忠當然也在場，狐群狗黨在旁邊看熱鬧，大姐大抽著菸問恬恬：「輝仔跟阿忠，妳比較喜歡誰？」

　　恬恬哪敢實話實說？只能硬著頭皮小聲回答：「兩個都喜歡。」

　　大姐頭一巴掌狠狠巴過來，恬恬差點摔個狗吃屎。大姐頭用力抓起恬恬的頭髮，拖到面前破口大罵：「騷貨，見一個愛一個，耍賤是不是？不識老娘抬舉，給我打。」

　　旁邊的狐群狗黨一擁而上，拉頭髮的、用拳頭的、拿腳踹的、吐口水的……恬恬分不清楚有幾個人在圍毆她，等她被打到連喘氣之力都沒時，大姐頭還用腳對倒在地上的恬恬肚子狠踹一腳，痛得恬恬縮成一團動彈不得。

　　「放心啦，她還有口氣，沒死啦，大家散了吧！」大姐頭一聲令下，一幫人鳥獸散，既沒人扶起恬恬，也沒人關心她的傷勢。阿忠臨走前，還彎下身，朝恬恬的臉吐口水：「賤貨，活該挨揍。」

　　怎麼回到家的，恬恬不知道；身上到處都很痛、心更痛，怎麼都搞不清楚，平常一票人說得跟真的一樣，什麼

情義相挺、什麼有難同當。今晚既沒觸犯幫規，又沒背叛誰出賣了誰，怎麼一夥人翻臉如翻書，打自己像打仇家？只差沒抄傢伙出來捅。

恍恍惚惚間，恬恬萬念俱灰，拿起美工刀，往自己手上劃去，一刀一刀、再一刀，望著滲出來的血，沿著手腕滴到地上，恬恬希望，自己根本不曾出現在這個世界上過。天快亮了，姑姑起床看見恬恬房門虛掩，怒火忍不住燒了起來，用力推開房門，姑姑嚇得驚聲尖叫……

在醫院，姑姑才發現恬恬傷痕累累的自殘，向前來關注的警察和社工哭訴恬恬的身世，以及她有管教卻管教不了的心痛，有這樣的兄嫂加上恬恬，連她自己的一生都被拖累掉了，對恬恬，她完全不知道該拿她怎麼辦？

怎麼辦呢？

　　恬恬的父母入獄、吸毒、自殺等過往，是不願被人知道的家醜。

　　小五小六年齡，青少年的發展開始渴望被同儕接納，若得不到家庭溫暖，常會因太渴望關愛，不一定能分辨出所處團體的好壞，認同感讓他們變得盲目。

　　因臭味相投而聚集的少年，反映每個人的自我不是孤獨與脆弱，可以彼此「取暖」，需要靠人多勢眾來結夥壯大聲勢。以為有這幫朋友相挺，依賴他們的保護還「who怕who」？卻完全沒料到，終有被狼群反吞噬的一天。這也是很多被毆打的青少年，被痛扁的原因是「清理門戶，老大教訓自己人。」

　　極度渴望被接納，成為令人憂心的脆弱因子，這樣的青少年，不分青紅皂白誰都好，只要有人施捨「情義相挺」的歸屬，就死心塌地的被牽著鼻子走，萬一投身到殘酷幫

派的團體,更易受霸凌。

　　得不到愛或討厭自己,用刀劃、用菸燙的自殘行為,減輕不了無助的痛苦,反而像吸毒一樣,爽只有一時,吸毒過後、自殘過後,問題仍存在,不會因此而憑空消失。

　　經過社工和心理師的介入輔導後,恬恬慢慢想明白了一件事:姑姑從有記憶以來,就是刀子嘴豆腐心,只有小學畢業的姑姑,一直用「打罵」方式來管教恬恬,因為也沒人教姑姑,除此之外,還能怎麼教養孩子?這些年,姑姑辛苦賺錢過日子,要不是姑姑犧牲青春撫養,恬恬可能真成了無家可歸、無依無靠的孤女。

　　在姑姑的鼓勵下,恬恬上法庭說出了被傷害的經過,經過法庭審理,大姐頭跟毆打恬恬的幫眾,全被保護管束3年。假日沒有自由,定期要去法院跟觀護人報到,服勞役,而他們的父母因疏忽管教,同時被裁定要去法院上課24小時。

　　姑姑決定搬家換個新環境,轉學後,恬恬告訴姑姑:「我要洗心革面,不會再傷害自己了。交朋友會有所選擇,功課會盡量努力,我要愛姑姑,像姑姑愛我一樣!」

我是看妳頗有天分喔 / 性霸凌

　　媒體先後報出來了：「某國小教體育的男老師，對多名高年級女學生不軌，遭到起訴與解聘。」

　　曉葉看到報紙時，感覺很詭異，明明是寫自己的事情，登出來，又像是別人家的事，因為涉及未成年，記者不能寫得太明顯與真確，但明眼人一看就知道是體育教練的醜事。

　　發生在這社區學校的事，紙根本包不住火，壞事傳千里，人言可畏！要不是輔導主任一路保護、支持受害的小女生們，和警方聯手「逮捕」惡狼，不知道還有多少小五小六女生會被欺凌，不敢吭聲之下，身心飽受摧殘。

　　小六時，學校的田徑教練平時對同學很兇，像曉葉這種膽小的女生，根本不敢靠近他。曉葉的外掃區是掃體育

館，偶爾幾次撞見有女同學從體育館後面，教練的小房間，神色倉皇的匆匆出來。有一次體育教練，還叫曉葉不用掃了，趕她趕快走。曉葉以為有比賽，選手要練習，趕著掃了一會兒，又沒人來練習，真是奇怪。

有一陣子，教練總盯著曉葉看，前兩天還特別問曉葉：「想不想長得更高？發育更好？要不要參加田徑選手訓練？我是看妳頗有天分喔。」

曉葉認為自己體育細胞太遜了，何況家裡從來就沒人參加過體育競賽。可是教練不放棄，趁著打掃時間，好心好意過來幫曉葉做些伸展操的動作：「看，我扶妳，這樣做，有拉筋的感覺對吧？常常讓我幫妳做做伸展操，妳將來一定會有模特兒般的好身材。」

教練一邊講一邊雙手會在曉葉身上游移示範。教練的動作讓曉葉很不舒服，有時想閃躲，教練還會更大力的制服：「這個伸展動作，一定要這樣做到位才行。」

快畢業了，最後一次打掃體育館，教練拉著曉葉往他的小房間走：「我有一些外面買不到，女孩練好身材的示範錄影帶，妳進來看看，喜歡我拷貝送妳。」曉葉只覺得錄影帶好色，她幾乎不太敢睜眼看，還好上課鈴聲救了曉

葉，讓教練不得不放她走，可是曉葉全身也都被教練摸遍了。

　　畢業典禮前，教練特別來找曉葉，邀她來把錄影帶看完，因為教練覺得曉葉「很有潛力」，可以好好栽培成優秀的田徑選手。一畢業，曉葉再也沒進過小學校門，當然更沒去看錄影帶；儘管心裡害怕又氣惱，也不敢告訴任何人說被教練強帶進去看錄影帶時發生的事，一回想起來，無比噁心之外，還會噩夢不斷。

　　國中新生訓練完，幾個小學同校的同學聚在班長安安家聊天，當曉葉聽到大家七嘴八舌在說國小的那個田徑教練多色多噁爛，曉葉寒毛都豎起來了，沒想到原來教練一直是這樣對待連國小都還沒畢業的小女生；在座六個女孩中，有一半臉色都變了。

　　「妳們是小學生不懂，我們國中老師有教過，妳們那個教練，這樣是性霸凌的行為。」安安念國三的姊姊一說，大家都愣住了。

　　「性霸凌的行為？這不是很嚴重嗎？」連安安都嚇了一大跳。

　　「我們輔導主任有教過，受害如果不挺身出來檢舉，

只會讓惡狼留在校園，欺辱更多膽小怕事的同學，而且做錯事丟臉的人是教練，又不是受迫害的同學。我幫妳們，我們學校的輔導主任黃老師人很好，而且開學後她也是妳們的輔導主任，她不會出賣大家，我們可以信賴黃老師，一起揪出這匹色狼。」

　　曉葉原本覺得很骯髒、很丟臉、很無措的害怕，午夜被噩夢驚醒，都在自責是自己笨又蠢，才會遇到這種事。沒想到在黃老師溫暖的輔導下，一步步從恐慌中慢慢走出來，在黃老師保護下，和十幾位同學一起指控教練卑鄙無恥的行為。

　　「妳們的勇敢，救了很多的小學妹，老師以妳們為榮，對於碰到惡人放肆做壞事，我們越吞忍，他們就越得意越大膽，我們都不願意這樣的事情，發生在很多無辜女孩的身上，妳們說對不對？」

　　黃老師看這十幾個小女孩，堅毅的點著頭，她好心疼她們受委屈，卻又飽受「啞巴吃黃蓮，有苦說不出」的折磨，兩性的健康教育，真的從小就有該加強「如何自保」的觀念才是。

　　一個月後，小學校方「性平會」做出決議：停聘教練！

同時檢方派人羈押了教練，進入司法調查的程序。家庭暴力暨性侵害防治中心，也指派心理師輔導受害女生，協助她們走出陰影。

原本很會責罵曉葉的媽媽，在社工的鼓勵下，反而陪著一起出庭。有了媽媽做後盾，曉葉作證沒有預期的緊張，反而是教練從一再否認，到可憐兮兮求受害學生和家長原諒，還不斷說要提高賠償和解金。

走出法院時，曉葉抬起頭看著天空，看著媽媽和黃老師的眼神，心輕鬆了起來，原來自責自怨自艾的情緒，隨著輔導主任的釐清而寬心，曉葉想通了，為什麼要讓做錯事的人，迫害自己一直快樂不起來呢？

怎麼辦呢？

　　性霸凌以均等機率存在社會與校園，主管機關不該迷思「無霸凌」的通報數據，而應該用另一種角度，看待發生的數據。

　　肯舉報性霸凌案件的學校，顯示的是勇於揪出壞事惡人，代表學生的環境可以更安全些；而不是為校園評鑑，謊報和粉飾太平。在此呼籲教育部應公開表揚勇於提報與妥善處理性霸凌事件的學校，徹底粉碎霸凌「零數據」的完美假象。

　　幾年前，台南有間公立高職校長，包庇性侵學生的老師，拖延消極態度，讓受害者幾年下來暴增到幾十人。最後是勇敢的學生與家長對該名狼師聯合提告，終於 2012年 12 月狼師入監服刑 30 年，創下民事賠償超過千萬及國賠的案例。

　　不論是男孩或女孩，受到性騷擾與性侵害事件，是每

一個家庭的噩耗。若沒當場及時驗傷，提出檢舉，會因缺乏直接事證，不但受害孩子要忍受長時間的煎熬，惡狼甚至食髓知味後，還會一再強逼小女生就範！

受害的孩子惶恐終日，不知能找誰幫忙，將惡狼繩之以法？受到性霸凌的未成年小孩或青少年，鐵定恐懼害怕不敢聲張，親如家人也不見得敢求援。家長萬一發現，千萬不要只知道責怪孩子，因為真正犯錯的是加害人。

加害人可能是孩子生活環境中，任何身分地位的人，師長犯案也是有的。因為熟悉校園，跟孩子常常相處，孩子可能因此對他們失去戒心，無從提防。

校園對於老師的性騷擾與性侵事件，採取的方式有兩種管道：

一種是受害者直接報警，未成年者會有社工陪同驗傷報案做筆錄，進入刑事訴訟程序，這是每個國民的法律保障。未成年受到性侵害，採取非告訴乃論，不能和解撤告。

另一種是訴諸「性別平等委員會」，它會對校園性侵性騷擾事件做出評議。雖然不具刑法效力，但會在校園的人資系統永遠存底。犯下性侵留下紀錄的老師，將無法留

在校園任教，甚至連補習班也永不錄用。換句話說，刑法給予的是「是否有罪的判決」，性平會給予的是「人資安全的註記」。

這位田徑教練的惡行，雖然僥倖經過多年沒有東窗事發，但當現在受害的女學生一起提出檢舉，告發教練行之有年的不檢行為，將是校方停聘的重要參考依據。

校園中的狼師固有可惡之處，可憐的是，他們未曾勇敢的接受性變態的治療，就算已婚也無法滿足他們的變態性慾。正因為沒有勇氣改掉惡習，遲早要丟掉工作，被停聘，成為家庭的陰影。這種不名譽的犯罪，法律刑責也一樣逃不掉。

多用心帶孩子，多觀察孩子的身心是否有突然的轉變，萬一遇到狼師，家長請不要驚慌或逃避，不是轉學避開就沒事，除立刻檢舉之外，孩子受創的身心，更需呵護與輔導。一般在通報後，各地家庭暴力暨性侵害防治中心的社工會主動關懷，並提供案家有關心理諮商與法律諮詢的服務。

升學掛帥 / 進退後盾

　　一個被扭曲了的教育環境，短視的老師、被盲目蠱惑的家長，能教育出德智體群四育並重的快樂孩子嗎？

　　這所位於精華地段、歷史悠久的私立小學，教育宗旨是「集菁英而教之」，從這裡畢業的有各界名人、世家子弟、非富即貴。

　　每年小學直升初中部，都要刷掉畢業班三分之一的人數，重新招考菁英進來。只要不如老師期待的學生，都會被暗示自行轉學，不然跟不上評量，會拖累學校掛帥的升學率。如果不肯，老師會全班總動員，請家長們一起出馬勸退，形成輿論共識的壓力。

　　小凱原本很喜歡上學，小一小二的老師，對同學很公正，不小心做不對的事，雖然會被要求改正，但不會有一

種被找麻煩的惡劣感，小朋友彼此間相處天眞爛漫，沒什麼心機算計。

升上三年級後，小凱慢慢覺得，上學跟從前不太一樣了。主要是新級任郭老師對待同學的方式大不相同，對班上幾個比較活潑調皮的男生，喜歡表達自我、意見多，有時會和老師討價還價嫌功課太多……郭老師氣不過，常以「丟班上的臉、丟父母的臉」爲題，誇大言詞指責，一講半節課，還要同學跟他們保持距離，省得被帶壞了。

同年級的班際競賽，若沒有拿第一名，班上同學被老師訓話時，會一起轉頭過來，厭惡的瞪著他們幾個，久而久之，只要任何競賽沒拿到第一名，同學就你一言我一語的指責：「都是被你們這些害群之馬害的。」慢慢連家長都會在聯絡簿上對這幾個孩子有所批評，郭老師也樂得把這些家長意見，影印後釘在這幾個孩子聯絡簿上，讓家長警惕：你家孩子有多討人厭！

小凱的聯絡簿經常被老師寫滿紅字，被罰掃廁所、跑操場、倒垃圾、罰抄寫……這些都是家常便飯。媽媽每周都會被郭老師要求到校報到一次，在辦公室當著所有老師面被不客氣的指責告狀外，郭老師還會一再翻別的同學聯

絡簿，印證是「引起公憤」害他被牽連有多倒楣。

　　剛開始媽媽從學校回家，會跟著郭老師的指控臭罵小凱，但冷靜細想後，加以查證發現，郭老師有些處置方式，若不用那麼尖銳刻薄的態度，製造對立，都還是小孩年紀的同學，彼此間相處應該可以平順和諧些。

　　當媽媽跟郭老師交換意見時，換媽媽被郭老師翻臉責罵：「妳太寵小孩了、我帶的是一整個班級，對心存挑釁、對我不服氣的學生，殺雞儆猴有什麼不對？如果不想拚升學，就請自便，不要留在這學校影響班上的同學。」

　　原本，當有比賽活動之前，郭老師會先請相關科任老師在班上先評選一次，第一名就代表班上出賽。這回的作文比賽，國語老師給了小凱第一名，當著全班同學說：「小凱出馬，老師有信心。」還請小凱把作文唸給全班同學聽，小凱雀屏中選，高興得不得了，回家連媽媽知道了，都謝天謝地抱著兒子歡呼：「小凱出頭天嘍！」

　　可是沒兩天，郭老師又找媽媽去學校。

　　郭老師大剌剌的翻開幾個同學的聯絡簿給媽媽看，同學們的家長竟然聯名不要小凱出賽，理由是：反正小凱愛頑皮搗蛋，不愛讀書，註定不能直升初中部，會被踢出學

校，所以應該把比賽機會讓出來，有利於用功 K 書的同學，能有多一項推甄的加分。

　　媽媽當下暗自決定，回家要好好的跟小凱談一談，分析為什麼媽媽下學期要幫他轉學的原因。媽媽覺悟了一件事實：一個被扭曲了的教育環境，短視的老師、被盲目蠱惑的家長，能教育出德智體群四育並重的快樂孩子嗎？昂貴的私校就真的高人一等嗎？等同身分鍍金嗎？得失間，媽媽寧可小凱有天真快樂的童年、無憂無慮的交朋友。

怎麼辦呢？

　　至少有 10% 的孩童，在成長的道路上，要面對發展上的議題，並非都是一路平順。

　　有些孩子長大自然會好，有些因為沒有及時處理，長大不但沒有好，反而沿路不時發生新的問題，結果是越來越糟。當孩子感冒發燒、鼻塞咳嗽、生病拉肚子、或是外傷流血，大人多不敢延誤；然而會妨礙人格發展、心理健康的重要元素，大部分的家長卻是不到最後一步，不肯向兒童心智科諮詢醫師，尋求專業的協助。

　　大人害怕別人的眼光，自卑的心態，加上教育從業人員以「公平」、「一視同仁」的假平等規約，無法面對各個發育中的孩子做到因材施教，都在在延誤了問題處理的黃金期。

　　行為導正和心理素質是教育重要的一環，以過動兒為例來說，大約 5% 到 9% 的發生率，幾乎每個班級都會

有。類似情況，有賴學校教育、父母家庭的共同重視，缺一不可，要一起齊心協力，才能有效率的協助孩子成長。

若是在班級上，老師把過動兒當成拖累大家的標靶，不使用有系統可預測的行為規範管理，反而是用情緒化的訓話暗示轉學，成功操弄班級排擠的氛圍，結合大多數的家長與孩子，全員一起參與霸凌，顯示在教育場合中，同樣會有弱肉強食，令人難過的一面。

以多數人為理由，做體制上的霸凌，常常是最難對抗的。走？還是要留？被點名的家長非常為難，若是要留，沒有把握一年、兩年、三年下來，會變成什麼樣？被迫轉學，又有著不甘心的委屈，鬱悶沮喪，家長氣惱連帶小孩一起受累。

家長們若能理解到，對孩子真正重要與需要的，不是外表的名聲，而是實質的教育環境。尋找適合孩子發展的環境，對照抓著「升學率」的金字招牌，與其過著被霸凌鬥爭的挫敗生活，賠上孩子學習的動機與人格形塑的黃金期，是最該拿來衡量的準則。

沒有哪個制度是一次到位的完美，需要一再改良，需要更多人站出來，捍衛並建構一個讓孩子理性公平的受教

育的環境。曾被教育體制霸凌的家長，委屈是不會輕易消失無蹤的，更何況是受到傷害的小孩？他們莫名的悲憤與冤屈的陰影，會一輩子永遠都在。

　　孩子一路成長與學習，不是只從靜態的書本做知識的累積，而是父母的價值觀、結合動態有意義的行動，一連串的過程，都會成為孩子看在眼裡的身教，教導孩子認識更多現實世界，更要懂得如何自處與面對挑戰，這才是最重要的。

國家圖書館出版品預行編目(CIP)資料

長大後最希望忘卻的記憶 校園霸凌/羅秋怡作.-- 初版.--
臺北市：大塊文化, 2013.04
面； 公分.--（care；25）
ISBN 978 - 986 - 213 - 429 - 0（平裝）

1.校園霸凌 2.問題學生輔導

527.47　　102004298

CARE
Good Care ,
Good Living

CARE
Good Care ,
Good Living

CARE

Good Care ,
Good Living

CARE
Good Care ,
Good Living